DOGMÁTICA JURÍDICA

ESCORÇO DE SUA CONFIGURAÇÃO E IDENTIDADE

A553d Andrade, Vera Regina Pereira de
Dogmática jurídica: escorço de sua configuração e identidade / Vera Regina Pereira de Andrade. 2. ed. — Porto Alegre; Livraria do Advogado Editora, 2003.
118 p.; 14 x 21 cm.

ISBN 85-7348-282-6

1. Dogmática jurídica. 2. Direito. I. Título.

CDU 34

Índices para o catálogo sistemático

Direito
Dogmática jurídica

(Bibliotecária responsável: Marta Roberto, CRB 10/652)

Vera Regina Pereira de Andrade

DOGMÁTICA JURÍDICA

ESCORÇO DE SUA CONFIGURAÇÃO E IDENTIDADE

Segunda edição

livraria
DO ADVOGADO
editora

Porto Alegre 2003

Arte da Capa
Eneida Cidade

Projeto gráfico e diagramação
Livraria do Advogado Editora

Revisão
Rosane Marques Borba

Livraria do Advogado Editora Ltda.
Rua Riachuelo, 1338
90010-273 Porto Alegre RS
Fone/fax: 0800-51-7522
www.doadvogado.com.br
livraria@doadvogado.com.br

Impresso no Brasil / Printed in Brazil

Aos meus familiares, presença e estímulo singular na minha vida.

Aos meus alunos, estudantes e operadores jurídicos comprometidos em interrogar e transformar o Direito.

Prefácio

O discurso epistemológico-funcionalista da Ciência do Direito

Os laços afetivos muito mais do que os liames acadêmicos explicam minha presença neste livro, a título de apresentá-lo. A amizade que no curso de mais de dez anos consolidei com sua autora é revelada aqui para que as emoções que sempre afloram em situações desta natureza não se convertam em texto e pré-texto, obstaculizando, afinal, o propósito de traduzir em um metadiscurso, *... o discurso epistemológico-funcionalista da ciência do Direito,* tecido com objetividade, clareza e precisão nesta obra.

A tarefa, que à primeira vista parece simples, dado que o texto é auto-explicativo, é árdua. Antes de encetá-la, motivou-me o desejo de dizer de fora o que é o conteúdo deste discurso e qual o "espírito" que o orienta, porque acredito ser uma obra inaugural quanto ao viés e aos pressupostos epistemológicos e funcionalistas. Por ter trabalhado com cientistas pesquisadores de uma autodenominada *hard cience* (a Bioquímica), acredito estar diante de um trabalho científico inovador na Ciência do Direito - *soft cience* - porque consiste numa leitura do seu saber acumulado sobre o prisma das condições de possibilidades em que tais saberes foram produzidos, a passo de explicitar a funcionalidade dessa produção.

Comparativamente, ainda que a tradicional tentativa de conferir *status* científico às ciências sociais por mimetismo gnoseológico-metodológico com as naturais seja hoje questão de todo superada, a minha vivência com pesquisadores da área biomédica, que incluiu a experiência do manuseio dos projetos de investigação e a observação das pesquisas de laboratório, autoriza-me hoje e aqui ousar afirmar que, dentre as ciências sociais, a jurídica é a que melhor se aproxima do *metier* científico. Daí por que sustento que a elaboração do *discurso epistemológico-funcionalista da ciência jurídica* corresponde aos *canons paradigmáticos* definidos por Thomas Kuhn (*in A estrutura das revoluções científicas, Ed. Perspectiva, 1991)*, o que com maestria está exposto neste livro.

Como antes afirmei, analogicamente, na mesma medida em que a pesquisa de laboratório procura a solução de problemas por meio de experiências controladas e respostas verificadas e permanentemente refutadas pela vigilância epistemológica (os fatores que condicionam a produção dos resultados) do investigador, tendo como critério de verificabilidade a experiência anterior, o jurista, o doutrinador, o legislador, os professores e os profissionais da jurisprudência, a seu modo, com a palavra da lei e a linguagem do fato, por via da interpretação lógico-dedutiva, e os princípios operadores (legalidade, hierarquia, independência) extraem as respostas aos conflitos sociais nas relações jurídicas, sendo esta a função social da dogmática jurídica e, para o bem ou para o mal, constroem a justiça possível com critérios de decidibilidade que, no contexto das democracias contemporâreas, é a democracia possível.

O que é de ressaltar é que, muito do que se atribui como crise da ciência jurídica, como anomalias internas ao conhecimento do direito (o *deficit* de cientificidade e de racionalidade), na verdade são fatores externos que sobre ela se projetam, como os políticos, econômicos, da transformação da realidade como um todo, que, não obstante, não significam o abandono do saber comum acumulado, nem o abondono de sua estrutura prático-funcional, (a lei vigente posta pelo Estado), levando à permanente revisão e atualização que, nem assim, desnatura a estrutura estática da dogmática e, pelo contrário, injeta-lhe novas teorias de interpretação, vestindolhe novas roupas sobre velhos figurinos, desafeiçoando-se ao seu modo, da estrutura das revoluções científicas tais como descritas por Kuhn, o que favorece à crítica de que, não obstante seu *deficit* de cientificidade, há um incremento de funcionalidade com a preservação do *status quo*.

Em outras palavras, a contribuição e o acréscimo desta obra ao acervo da produção científica na área das Ciências Jurídicas está no esforço de sistematização paradigmática explicitada por via de um escorço histórico-sociológico de seus postulados, revelando aos leitores em que medida os profissionais do Direito integram uma comunidade de cientistas por disporem de um modelo operador com método, princípios e institutos próprios, sobre cuja validade prática há um consenso intersubjetivo,razão por que professam a crença de que, seguidos os cânones, obterão respostas certas e seguras para os seus problemas, porque dispõem de condições de possibilidade de exercer a crítica necessária ao controle científico, no interior dela mesma.

Mais,o que está dito não é inovador por trazer novidades. Não. É inovador porque original na forma de abordagem e de selecionar a contribuição seminal que através dos séculos se acumulou na literatura jurídica, para consolidar o que se convencionou chamar de *paradigma da ciência jurídica*, o que significa retratar e radiografar um modelo operacional de modo a possibilitar entender sua engenharia, vez que conscientizador do *habitus - modus operandi* - que, pelo vício da repetição, praticamos automaticamente e, mor das vezes, não nos damos conta das suas insuficiências e inadequações quanto ao propósito de dar conta da materialidade social. Portanto, é uma explicitação que vem a serviço da competência discursiva crítica, mérito do viés epistemológico-funcionalista adotado, que, valendo-se da construção Kuhniana, expõe aos iniciados "...as veias abertas da dogmática jurídica" e induz o leitor ao *insight*.

É, então, desvelador e esclarecedor dos dilemas com que os professores das cadeiras hermenêuticas dos currículos de graduação e pós-graduação dos Cursos Jurídicos, em suas *praxis*, instigam os estudantes a refletirem e indagarem se o Direito é uma ciência ou não, se a lei bate com a realidade ou não, se sua verdade é meramente formal e enquadra o fato, ou não. Ou seja, indaga sobre as pretensões de veracidade e cientificidade da ciência do Direito - A dogmática jurídica.

A tarefa de revelar o que se contém nestas páginas é, pois, de extrema complexidade, mas, na medida em que a qualidade do conhecimento e a consistência analítica da Professora Vera Regina Pereira de Andrade expõem com clareza as interpelações que costumeiramente se fazem ao estatuto teórico-científico da ciência do Direito, anunciá-las neste prefácio que pretende evidenciar as perplexidades que estão por trás das indagações habilmente respondidas nas páginas deste livro, cumpre com a finalidade de iluminar os passos do entendimento de - *o que é a dogmática jurídica?*

Assim, a mim se impõem o dever e o prazer. Dever de estar à altura da distinção que me foi conferida. Prazer de antecipar para os leitores quais os pressupostos que nortearam a construção da obra.

Por óbvio que o pano de fundo, é a perda da crença de que a dogmática jurídica, por ser o saber científico que confere veracidade à promessa da modernidade (liberdade com igualdade), de fato dá operacionalidade ao ideal de que o cidadão sujeito de direitos pode garantir suas expectativas no livre jogo das forças sociais porque há um Estado de Direito que lhe dá segurança e certeza. Evidente que as interpelações feitas nos capítulos que se sucedem têm em vista apontar as falácias emitidas em nome desta crença, com a retórica jurídica.

De modo que, no mesmo passo em a que cada capítulo a "vocação racionalizadora" do paradigma da ciência jurídica vai sendo descrita, o leitor tem a chance de vislumbrar as estruturas de pensamento profundas que dão substrato às suas práticas, como se estivesse a se autopsicanalizar, descobrindo como o caráter regulador/disciplinador de seu *metier* tolhe a dimensão emancipatória de seu ato de interpretar e aplicar a lei, porque esta é uma questão de método e forma inerente ao modelo operador, que fornece segurança, independentemente de ser a por todos desejada.

Muito se fala e pouco se sabe sobre *dogmática jurídica* quando se tem em vista responder a indagações centrais sobre as condições de possibilidade (a historicidade, a ideologia, a generalidade em nome da abstração) de produção do conhecimento do Direito enquanto *ciência jurídica.*

Dogmática Jurídica é a obra que faltava para dar a conhecer o conjunto de saberes acumulados historicamente, organizados e sistematizados, que constituem o que no jargão jurídico é denominado de *dogmática.*

Este livro veio em definitivo para preencher uma lacuna, que é nova, considerando em termos de filosofia, teoria, história e sociologia da ciência (epistemologia), porque é instaurador de um discurso epistemológico-funcionalista paradigmático no interior da comunidade científica do Direito, o que facilita aos multiplicadores e propagadores do saber jurídico um veículo crítico ao problematizar a análise da dogmática através de três vetores, v: "o de sua falta de cientificidade, que interpela sua promessa e identidade epistemológica; o de sua separação da realidade social decorrente de seu excesso de formalismo que interpela sua identidade metodológica; o de seu conservadorismo ou de sua instrumentalização política conservadora do *status quo,* que confronta sua identidade funcional" nos dizeres da própria autora.

O propósito foi alcançado com a clareza e a simplicidade exigíveis de um trabalho realmente científico através da explicitação do processo de acumulação do conhecimento descrito pela *herança jurisprudencial; herança exegética; herança sistemática,* heranças contextualizadas no tempo, no espaço e no interior da estilização paradigmática que, apoiada na concepção positivista de ciência, confere à dogmática uma racionalidade prática cuja função social, sem dúvida, é a de ser uma *técnica de controle social.*

LUIZA HELENA MOLL
Professora da UFRGS

Sumário

1. Introdução 17

2. Heranças que marcam o paradigma dogmático de Ciência Jurídica 31
2.1. A herança jurisprudencial 31
2.2. A herança exegética 32
2.3. A herança sistemática 34

3. O Positivismo como matriz epistemológica do paradigma dogmático de Ciência Jurídica 37
3.1. A concepção positivista de Ciência 38
3.2. A recepção da concepção positivista de Ciência pela escola histórica: configuração e identidade metodológica do paradigma dogmático 41
3.2.1. Objeto e tarefa metódica da Dogmática Jurídica ... 41
3.2.2. A Dogmática Jurídica como Ciência Prática 50
3.2.3. A redefinição das heranças na tipificação historicista do paradigma dogmático 52

4. O positivismo jurídico de inspiração liberal e sua recepção pelo paradigma dogmático de ciência jurídica 55
4.1. Caracterização do positivismo jurídico 55
4.1.1. O juspositivismo como *approach* ao Direito 56
4.1.2. O juspositivismo como teoria 59
4.1.3. O juspositivismo como ideologia 62
4.2. A recepção do positivismo jurídico pelo paradigma dogmático de Ciência Jurídica 64
4.2.1. A recepção do *approach* juspositivista 64
4.2.2. A recepção das teorias juspositivistas 67
4.2.3. A recepção da ideologia juspositivista 70
4.2.4. O significado do dogmatismo na Ciência Jurídica . 74

5. O sentido da Dogmática Jurídica como "ciência prática" 77
5.1. Da identidade ideológica à identidade funcional.. 77
5.2. Uma promessa funcional no interior da promessa epistemológica: ressignificando a auto-imagem da Dogmática Jurídica 84

6. O Estado moderno como matriz política do paradigma dogmático de Ciência Jurídica 87

7. Da função racionalizadora declarada de *lege ferenda* à função pedagógica e racionalizadora de *lege lata* 89

8. Problematização da Dogmática Jurídica 93
8.1. O estatuto teórico da Dogmática Jurídica e o problema de sua identidade epistemológica: perfil de uma metadogmática de controle epistemológico da Dogmática Jurídica 94
8.2. A Dogmática Jurídica como paradigma científico . 108
8.3. Do controle epistemológico ao controle epistemológico-funcional da Dogmática Jurídica . 113

Bibliografia 115

1. Introdução

Tratamos aqui de reconstruir a configuração do conceito da Dogmática Jurídica entendida como um paradigma científico[1] (o paradigma dogmático de Ciência Jurídica) situando as heranças e matrizes que o condicionam e a identidade (metodológica, ideológica, funcional e epistemológica) que, ao longo desta configuração, foi assumindo.

Tal reconstrução conceitual, ainda que historicamente perspectivada, não se confunde, em absoluto, com uma reconstrução da história da Dogmática Jurídica, que seria impossível nos limites deste estudo. Trata-se de produzir uma estilização do conceito perquirindo os elementos que desde suas bases fundacionais até sua maturação vão concorrendo para compor a identidade estrutural que o tipifica desde então até à contemporaneidade.

---

[1] No sentido, já clássico, que lhe imprimiu Kuhn (1979, p.219), segundo o qual "um paradigma é aquilo que os membros de uma comunidade científica partilham. E, inversamente, uma comunidade científica consiste em homens que compartilham um paradigma." Uma melhor explicitação deste conceito encontra-se ao final deste estudo.
O signo "matriz" é usado, por sua vez, para designar um modelo, apenas, ou um modelo que condiciona algo.

Faz-se mister, pois, fixar previamente o conceito de Dogmática Jurídica cuja configuração e identidade procuraremos reconstruir. E fixá-lo tomando por referente - acreditamos ser o critério autorizado - a própria imagem compartilhada pelos juristas dogmáticos sobre o trabalho que realizam (auto-imagem), pois é precisamente este acordo que evidencia a existência do paradigma dogmático na Ciência Jurídica[2].

Assim, na auto-imagem da Dogmática Jurídica ela se identifica com a idéia de Ciência do Direito que, tendo por objeto o Direito Positivo vigente em um dado tempo e espaço e por tarefa metódica (imanente) a "construção" de um "sistema" de conceitos elaborados a partir da "interpretação" do material normativo, segundo procedimentos intelectuais (lógico-formais) de coerência interna, tem por finalidade ser útil à vida, isto é, à aplicação do Direito.

Desta forma, na sua tarefa de elaboração técnico-jurídica do Direito vigente a Dogmática, partindo da interpretação das normas jurídicas produzidas pelo legislador e explicando-as em sua conexão interna, desenvolve um sistema de teorias e conceitos que, resultando congruente com as normas, teria a função de garantir a maior uniformização e previsibilidade possível das decisões judiciais e, conseqüentemente, uma aplicação igualitária (decisões iguais para casos iguais) do Direito que, subtraída à arbitrariedade, garanta essencialmente a segurança jurídica.

---

[2] O conceito que segue deve ser entendido, pois, como uma aproximação, uma estilização, o mais fidedigna possível, da Dogmática Jurídica na sua auto-imagem.

Trata-se de uma Ciência de "dever-ser" (normativa), sistemática, descritiva, avalorativa (axiologicamente neutra) e prática .

Neste sentido:

> "Os juristas estão geralmente convictos de que a atividade desenvolvida por eles - estudar o direito para facilitar sua aplicação - é uma atividade de caráter científico. Eles, nos seus escritos referem-se freqüentemente à Ciência jurídica ou dogmática jurídica e à doutrina ou jurisprudência. Na Alemanha Federal e nos países fortemente influenciados pelo pensamento jurídico germânico utiliza-se com assiduidade a expressão 'dogmática jurídica' em sentido positivo. Essa expressão é sinônimo de 'Ciência'." (Pozo, 1988, p.11)

E a visão que de si mesmo oferece o paradigma é de neutralidade valorativa, quer em relação a sistemas econômicos ou políticos, quer em relação a grupos ou classes dentro de um sistema social. Ele se apresenta a si mesmo como compatível com qualquer sistema, pois, em seu sentido epistemológico, não é solidário de nenhum conteúdo de Direito.

Fixado este conceito, acrescentamos ainda que mais do que perquirir como ele se configurou, perqueriremos a identidade da Dogmática Jurídica para além de sua auto-imagem, seja revelando aspectos que o paradigma não reconhece (como a ideologia e a natureza prescritiva de seus enunciados) por conceber-se de outro modo (como Ciência avalorativa e descritiva), seja problematizando seu estatuto científico, embora para reafirmá-lo, por vias distintas das dogmaticamente reconhecidas.

Procuraremos então demonstrar que a Dogmática Jurídica se singulariza pela adoção de determinado *approach* ao estudo do Direito, que lhe circunscreve o objeto e pela adoção de determinado método, atendendo a uma ideologia de base e direcionando-se para determinado fim ou função declarada. É da articulação entre *approach* - objeto-método-ideologia-função[3] que deriva sua específica identidade.

A conjugação da análise da dimensão metodológica com a dimensão ideológica e funcional da Dogmática Jurídica é fundamental, assim, para a compreensão da sua específica identidade e para questionar tanto seu estatuto epistemológico quanto o cumprimento de suas funções declaradas, isto é, sua promessa funcional.

Por outro lado, é fundamental assinalar que, historicamente, o paradigma dogmático desenvolveu-se à sombra do Direito Privado, especialmente do Direito Civil e na esteira de uma tradição privatista é recebido posteriormente em diversos ramos do Direito público. (Ferraz Júnior, 1980, p. 81; Hernandez Gil, 1981, p.36; Rocco, 1982, p.17-30 passim)

Desta forma, estamos diante de um paradigma referido a um modelo geral de Ciência Jurídica que se materializa em diferentes desdobramentos disciplinares (a Dogmática do Direito Civil, Comercial, Administrativo, Tributário, Penal, etc.).

Existem, pois, Dogmáticas Jurídicas parciais autoconcebidas como Ciências Jurídicas parciais que

[3] Usamos o signo "função" ou função "declarada", "oficial", ou "promessa", mais do que o signo "fim" e seus derivados para designar as conseqüências queridas ou desejadas e oficialmente perseguidas pela Dogmática, expressivas de um "dever-ser" (discurso dogmático declarado).

enraizadas num tronco comum - a que chamamos dependência paradigmática - apresentam uma relativa especificidade e autonomia decorrente do ramo específico do Direito positivo de que tratam[4].

Preliminarmente, assumimos uma posição sobre a configuração e identidade do paradigma dogmático de Ciência Jurídica que demarcará a trajetória e os limites de nossa análise.

Ferraz Júnior identifica, a partir da análise do conhecimento jurídico europeu continental, três grandes tradições ou heranças jurídicas que constituíram a base sobre a qual se originou a Dogmática Jurídica, neste quadro cultural, no século XIX: a herança jurisprudencial (romana), a herança exegética (medieval) e a herança sistemática (moderna), cuja perspectiva assim sintetiza:

> "A verdade é que nos países de tradição românica o conhecimento do Direito tomou, inicialmente, a forma de uma técnica elaborada que os romanos chamaram de *jurisprudentia*, caracterizada como um modo peculiar de pensar problemas sob a forma de conflitos a serem resolvidos por decisão de autoridade, mas procurando, sempre, fórmulas generalizadoras que constituíram as chamadas doutrinas. Na Idade Média, sobretudo na época dos glosadores, àquela técnica jurisprudencial acrescentou-se ainda, como um ponto de partida para qualquer discussão, a vinculação a certos textos

[4] Isto é o que procuramos demonstrar relativamente à Dogmática Jurídico-Penal (Andrade, 1994).
Mantemos contudo aqui a designação de Dogmática Jurídica no singular precisamente porque nos ocupamos de sua identidade como paradigma genérico de Ciência Jurídica.

romanos, especialmente o 'Código Justinianeu', o que foi dando às disciplinas jurídicas uma forma de pensar eminentemente exegética, base da Dogmática Jurídica. Com o advento do Racionalismo, nos séculos XVII e XVIII, a crença nos textos romanos acabou substituída pela crença nos princípios da razão, os quais deveriam ser investigados para serem aplicados de modo sistemático. No entanto, foi no século XIX que as grandes linhas mestras da Dogmática Jurídica se definiram. A herança jurisprudencial, a herança exegética e a herança sistemática converteram-se na base sobre a qual se erigiu a Dogmática Jurídica, tal qual a conhecemos hoje, à qual o século XIX acrescentou a perspectiva histórica e social." (Ferraz Júnior, 1980, p.3)

A importância desta perspectiva é, a nosso ver, a de assinalar o tributo que a configuração do paradigma dogmático deve, por um lado, à história do pensamento jurídico (europeu continental), evidenciando que, ao se perquirir a gênese da Dogmática Jurídica, não se pode ignorar a tradição jurídica e o grau de racionalização do conhecimento do Direito por ela acumulado.

Contudo, foi apenas no século XIX que as grandes linhas mestras do paradigma dogmático se definiram; ou seja, que se configuraram definitivamente os elementos característicos deste paradigma tal como se transferem à Ciência Jurídica posterior.

Por um lado, pois, entendemos importante apreender o paradigma dogmático como herdeiro de elementos que, embora redefinidos no seu interior, em função de sua específica identidade, foram originariamente gestados em tradições jurídicas do passado.

Mas se aquela tríplice herança jurídica a que nos referimos contribuirá, por um lado, para conformar a identidade do paradigma dogmático; seria equivocado, por outro lado, concebê-lo meramente como o produto de uma recepção linear e cumulativa destas tradições, uma vez que resulta de exigências e condicionamentos específicos do século XIX, sendo um produto deste tempo e fruto de uma confluência de fatores.

Neste sentido

> "(...) a dogmática jurídica não pode ser vista apenas como o produto ou resultado de uma evolução universal de conceitos e métodos através da história do pensamento científico. Ela deve ser entendida, também, como resposta a certos imperativos institucionais que permeiam, moldam e conformam a própria cultura jurídica de natureza positivista e de inspiração liberal. Dito de outra maneira, a dogmática não se limita somente a um enfoque determinado das questões fundamentais da Ciência do Direito - representa, igualmente, uma atitude ideológica que lhe serve de base e um *ethos* cultural específico." Faria (1988, p. 24)

Nesta perspectiva, destacamos a contribuição analítica fornecida por Puceiro (1981, p.13), fundamentando precisamente a tese de que o paradigma dogmático deve ser visto como conceito "histórico", enquanto guarda uma vinculação essencial com uma determinada estrutura histórica, a respeito da qual adquire um conteúdo e sentido precisos. E não como conceito "universal", suscetível de ser estendido a qualquer época, pois:

> "A dogmática, como forma de configuracão do saber jurídico-científico se refere de modo concreto a uma certa atitude metodológica, condicionada por fatores de índole científica, histórica, cultural e política (...)." (Puceiro, 1981, p. 14)

O paradigma dogmático se configura, assim, paulatinamente, na Europa continental do século XIX como convergência de um conjunto de processos parciais e conseqüentes que estão na base da modernidade, dentre os quais destacam-se os atinentes a um conceito de Ciência, que preside aos seus momentos fundacionais, e de Estado, que preside à sua formulação acabada, vinculando-se, ao longo de seu desenvolvimento, a uma idéia de saber e de Estado que reconhece, entre outros, os seguintes pressupostos de base[5]:

a) a consolidação de um conceito moderno de Ciência, basicamente voltado ao seu caráter sistemático e coerência lógico-formal;

b) a separação entre teoria e práxis (não obstante a funcionalização prática da teoria) e a conseqüente afirmação de um modelo de saber jurídico como atividade essencialmente teórica, presidida por uma atitude axiologicamente neutra e tendencialmente descritiva;

c) a superação das (modernas) doutrinas de Direito Natural e a historificação do objeto do saber, através da paulatina identificação entre os conceitos

[5] Alguns destes pressupostos são mencionados em Puceiro (1981, p.15-6) e Faria (1988, p.24).

de Direito e norma jurídica (Lei) num primeiro momento, e, a seguir, entre Direito e sistema conceitual de Ciência;

d) a consolidação de um conceito moderno de Estado[6] caracterizado pelo monopólio estatal da violência física, da criação e aplicação do Direito por processos decisórios e a conseqüente estatalização, normativização (realizado pela codificação) e positivação do Direito;

e) separação de poderes, com a distribuição de competências do monopólio estatal da criação e aplicação do Direito entre o Poder Legislativo e o Judiciário, tornado independente e "autônomo";

f) a ênfase sobre a segurança jurídica como certeza de uma razão abstrata e geral, resultante de um Estado soberano.

No paradigma dogmático convergem, pois, uma matriz epistemológica (saber) e uma matriz política (poder) e diversos processos a ambas relativos, de forma que ele é tributário tanto do discurso cientificista quanto do discurso estatalista-legalista do século XIX, encontrando-se geneticamente vinculado à promessa epistemológica de edificação de uma "Ciência do Direito" (Rocha, 1982, p.126) e, na culmi-

---

[6] Referimo-nos ao conceito clássico formulado por Weber (1979, p.17) segundo o qual o Estado moderno "é uma associação de domínio com carácter institucional que tratou, com êxito, de monopolizar, dentro de um território, a violência física legítima como meio de domínio e que, para esse fim, reuniu todos os meios materiais nas mãos do seu dirigente e expropriou todos os funcionários feudais que anteriormente deles dispunham por Direito próprio, substituindo-os pelas suas próprias hierarquias supremas."

O monopólio estatal da violência física, ou seja, o controle dos meios de coerção física pelo Estado moderno, caracteriza o recurso típico - embora não o único - e o aspecto especificamente político da sua dominação, num dado território, recoberta por uma legitimidade que se refugia no "reino da lei", isto é, na legalidade.

nação de seu desenvolvimento, à promessa funcional de racionalização da práxis jurídica típica do Estado moderno.

São tais condicionamentos, entre outros, que conferem ao paradigma dogmático um *ethos* específico, e que filtrarão e ressignificarão, pois, o ingresso da tradição jurídica no seu interior.

Mas apesar de ser um produto histórico, o paradigma dogmático é marcado também por um potencial e uma vocação universalista, uma vez que ele se liberta, posteriormente, de sua estrutura histórica originária para ser recebido, certamente por um processo de transculturação, por diversos países da América Latina, incluindo o Brasil, entre outros, em cujo marco permanece também como o modelo normal ou oficial de Ciência Jurídica.

Tal potencial parece estar vinculado, por sua vez, à própria descontextualização do Direito operada pela Dogmática Jurídica que, assentando na conversão da juridicidade num espaço abstrato (vazio) e num tempo igualmente abstrato (cronológico) (Sousa Santos, 1990, p.31), torna-se um paradigma suscetível de ser apropriado em espaços e tempos diversificados.

Por outro lado, é tão forte a identificação moderna entre Ciência Jurídica e Dogmática Jurídica que se acaba estendendo este modelo a culturas jurídicas onde ele inexistia, como a romana e a medieval. É portanto imprópria tanto a alusão a uma "Dogmática Romana" ou a uma "Dogmática Medieval", quanto à consideração da Dogmática Jurídica como a instrumentalização científica do positivismo jurídico, alusões que somente são possíveis prescindindo-se da sua gênese estrita, uma vez que " o modelo dogmático propriamente dito procede da

Escola histórica e encontra sua expressão culminante na construcão jurídica." (Hernandez Gil, 1981a, p.42)

Com efeito, pela centralidade que o método, isto é, a operação intelectual, predominantemente lógica, projetada sobre o direito vigente (em particular a operação de "construção jurídica")[7] assume, na tipificação do paradigma dogmático, entendemos autorizada a tese de sua procedência enraizada na Escola histórica alemã do começo do século XIX, de onde procede a formulação daquele método.

Neste sentido, se a *interpretatio juris* foi a grande arma da glosa em suas múltiplas manifestações, e o "sistema" encontrou uma expressão paradigmática na Escola do Direito Natural dos séculos XVII e XVIII e no racionalismo jurídico daquela época (em particular em G. W. Leibniz), o que há de novo no método dogmático é a chamada "construção jurídica", em cujo âmbito a interpretação e o sistema serão também redefinidos relativamente àquelas raízes.

---

[7] A esta tarefa metódica da interpretação à construção do sistema podemos denominar de dimensão "hermenêutico-analítica" de materialização da Dogmática Jurídica. Neste sentido, como afirma Ferraz Jr. (1988a, p. 70), "o problema básico da atividade jurídica não é apenas a configuração sistemática da ordem normativa, mas a determinação do seu sentido.(...) Método e objeto são questões correlatas, cujo ponto comum é o problema do sentido."
Mas , apesar de central e centralizadora do paradigma, não esgota sua produção, pois ele engloba uma dimensão que podemos denominar "propedêutica" onde tem lugar uma produção teórica prévia à hermenêutico-analítica, consistente na (re)produção de teorias majoritariamente compartilhadas sobre a norma, o ordenamento jurídico, as fontes do Direito, a interpretação científica e judicial etc; distinguimos, desta forma, duas dimensões de materialização da(s) Dogmática(s) Jurídica(s) que determinam a própria estrutura dos tradicionais manuais dogmáticos.

De qualquer modo, se o *approach* e a formulação metódica proveniente da Escola histórica são decisivos para a gênese do paradigma dogmático de Ciência Jurídica, este atinge sua maturação com o positivismo jurídico[8] que, expressando as notas típicas do Estado moderno em sua feição de Estado de Direito Liberal, confere ao paradigma dogmático uma formulação acabada.

Sustentamos neste sentido que o paradigma dogmático, embora herdeiro de uma tradição jurídica secular, recebe sua formulação originária (fundacional) da Escola Histórica, recebendo uma formulação acabada (relativamente ao seu *approach* e ideologia de base) do positivismo jurídico em sua fase madura, sob o influxo, então, de um conceito moderno de Estado.

Muito sintomático de que o juspositivismo tem uma importante incidência complementar sobre a identidade do paradigma dogmático é que esta incidência tem sido inclusive superdimensionada ao se considerar a Dogmática Jurídica como a própria instrumentalização científica dele, caso em que, como já referimos, ao invés de se retroceder (à tradição jurídica romana ou medieval), acaba-se por postergar, impropriamente, a sua gênese.

Assim,

"A Ciência jurídica tradicional ou dogmática não aparece integramente como uma teoria

---

[8] De qualquer modo, como sustenta Giorgi (1979), as raízes do positivismo jurídico se encontram já na Escola histórica, que pode ser vista como um positivismo jurídico em gestação na medida em que, com sua rejeição ao racionalismo e ao universalismo do jusnaturalismo moderno e o deslocamento do objeto da Ciência Jurídica para um dado sensível da experiência (mesmo que seja "o espírito do povo") antecipa um *approach* juspositivista ao Direito.

prévia na qual figurem todos os elementos componentes do modelo cognoscitivo. Supõe, claro é, uma atitude perante o direito, a ciência e o comportamento metodológico; mas não surgiu de uma vez e tampouco começou por enunciar-se como tal tudo o que hoje consideramos tratamento dogmático do direito." Hernandez Gil (1981a, p. 23-4)

A Dogmática Jurídica se configura, pois, através de um processo multifário, apresentando uma origem plural, que impossibilita captar nela um corpo doutrinário homogêneo. Trata-se não apenas de um conceito histórico, mas de um conceito essencialmente complexo.

Demarcada esta perspectiva inicial sobre a configuração e identidade do paradigma dogmático, aludimos, a seguir, à sua explicitação.

2. Heranças que marcam o paradigma dogmático de Ciência Jurídica

2.1. A HERANÇA JURISPRUDENCIAL

Nesta perspectiva, uma primeira herança que irá marcar a Dogmática Jurídica é o pensamento prudencial romano, cujo desenvolvimento, através do uso da técnica dialética, conduziu os romanos a um saber considerado de natureza prática, isto é, que procura fornecer diretivas para a ação. (Ferraz Júnior, 1988b, p.58)

Esta técnica elaborada, que denominaram *jurisprudentia*, caracterizada por um modo peculiar de pensar os problemas sob a forma de conflitos a serem resolvidos por decisão de autoridade, sob fórmulas doutrinárias genéricas, não estava apartada do verdadeiro, no sentido de que era um saber que produzia o verdadeiro no campo do útil, do justo, do belo, configurando um saber de natureza ética.

Desta forma, o Direito assumiu o perfil de um programa decisório onde eram formuladas as condições para uma decisão correta. É precisamente aí que surge o pensamento prudencial com suas regras, princípios, figuras retóricas, meios de interpretação, instrumentos de persuasão, etc. Socialmente, ele se separa do próprio Direito e permite, então, que o Direito em si não seja visualizado sob a forma de luta (como uma espécie de guerra entre o bem e o mal), mas como uma ordem reguladora dotada de validade para todos, em nome da qual se discute e se argumenta. "Em outras palavras, as figuras construtivas da dogmática nascente deixam de ser parte imanente da ordem jurídica para serem mediação entre esta e as decisões concretas (...)." (Ferraz Júnior, 1988b, p. 70 e 86; 1980, p.3)

Na jurisprudência romana encontra-se, portanto, enraizada uma das notas típicas que irá marcar o paradigma dogmático, que é a condição de Ciência prática ou da ação, uma vez que:

> "(...) nela, está presente, de modo agudo, a problemática da chamada Ciência prática, do saber que não apenas contempla e descreve, mas também age e prescreve. Este caráter, aflorado na jurisprudência romana, vai marcar o pensamento científico do direito no correr dos séculos, tornando-se não só um dos traços distintivos, mas também motivo para inúmeras tentativas de reforma, cujo intuito - bem sucedido ou fracassado - será dar-lhe um caráter de Ciência, conforme os modelos da racionalidade matemática." (Ferraz Júnior, 1988a, p.21)

2.2. A HERANÇA EXEGÉTICA

Uma segunda herança latente, da idade medieval, que irá marcar a Dogmática Jurídica, é a proveniente da tradição exegética, sobretudo à época dos glosadore, pois, com um caráter novo, mas sem abandonar o pensamento prudencial dos romanos, ela introduz no pensamento jurídico a característica da "dogmaticidade", cujo desenvolvimento foi possível[9].

> "(...) graças a uma resenha crítica dos digestos Justinianeus, a *littera boloniensis*, os quais foram transformados em textos escolares do ensino na universidade. Aceitos como base indiscutível do direito, tais textos foram submetidos a uma técnica de análise que provinha das técnicas explicativas usadas em aula, sobretudo no 'Trivium' - Gramática, Retórica e Dialética, caracterizando-se pela glosa gramatical e filológica. Na sua explicação, o jurista cuida de uma harmonização entre todos eles, desenvolvendo uma atividade eminentemente exegética que era necessária porque os textos nem sempre concordavam, dando lugar às *contrarietates*, as quais, por sua vez, levantavam as *dubitationes*, conduzindo o jurista à sua discussão, *controvertia, dissentio, ambiguitas*, ao cabo da qual se chegava a uma *solutio*." (Ferraz Júnior, 1988b, p. 61-2)

Desta forma, o surgimento da dogmaticidade, como nota típica da teoria jurídica da idade média, não extingue o pensamento prudencial romano, mas redefine-o, dando lugar a uma combinação entre prudência e dogmática: a prudência se faz dogmática.

Se na Antigüidade Clássica, o Direito (*jus*) era um fenômeno de ordem sagrada, imanente à vida e à tradição romana, conhecido através de um saber

[9] Segundo Wieacker (1980, p.38-9), a Ciência Jurídica européia nasce em Bolonha no século XI e a origem do pensamento dogmático, em sentido estrito, pode ser localizada neste período.

de natureza ética, a prudência; desde a Idade Média percebe-se que, continuando a ter um caráter sagrado, o Direito adquire todavia uma dimensão sagrada transcendente com a sua cristianização, o que possibilita o aparecimento de um saber prudencial já com traços dogmáticos. Por analogia com as verdades bíblicas, o Direito tem origem divina e como tal deve ser recebido, aceito e interpretado pela exegese jurídica. Desde o Renascimento ocorre, porém, um processo de dessacralização do Direito, que passa a ser visto como uma reconstrução, pela razão, das regras de convivência. (Ferraz Júnior, 1988b, p. 70)

2.3. A HERANÇA SISTEMÁTICA

Delineia-se então a terceira grande herança que irá marcar o paradigma dogmático: a herança sistemática proveniente do jusnaturalismo racionalista da era moderna.

Se a tendência exegética de caráter dogmático, ao estilo dos glosadores, dominou o pensamento jurídico medieval - assinalando um respeito pela autoridade dos textos romanos a serem interpretados, tomados como pontos de partida das séries argumentativas - a era subseqüente, chamada do Direito Racional, irá introduzir a ligação entre pensamento jurídico e pensamento sistemático. Entre as críticas então dirigidas à atividade dos glosadores estava sua falta de sistematicidade, pois, se existia neles um certo impulso para um tratamento sistemático da matéria jurídica, estava ainda longe das exigências que a nova Ciência moderna iria estabelecer. É nesta época que se introduz, igualmente, o termo "sistema", que se torna escolar e se generaliza, tomando uma das configurações básicas que hoje lhe atribuímos. (Ferraz Júnior, 1988b, p. 65 e 1988a, p. 22-3)

Assim, "a crença nos textos romanos foi substituída pela crença nos princípios da razão, que doravante deveriam ser investigados para sua aplicação sistemática." (Ferraz Júnior, 1980, p. 3)

As relações entre Ciência e sistema datam, portanto, do século XVII, quando o jusnaturalismo rompeu com os procedimentos usados pelos glosadores e baseados na autoridade do direito romano. (Rocha, 1982, p.126)

A teoria jurídica européia, até então conformada como uma teoria preponderantemente da exegese e da interpretação de textos singulares, passa a receber um caráter lógico-demonstrativo de um sistema fechado, cuja estrutura dominou e domina até hoje os códigos e o pensamento jurídico. Numa teoria que deveria legitimar-se perante a razão, mediante a exatidão matemática e a concatenação de suas proposições, o Direito conquista uma dignidade metodológica toda especial. (Ferraz Júnior, 1988a, p. 24 e 1988b, p. 66)

Desta forma, a teoria jurídica, nos quadros do jusnaturalismo,

> "(...) se de um lado quebra o elo entre jurisprudência e procedimento dogmático fundado na autoridade dos textos romanos, não rompe, de outro, com o caráter dogmático, que tentou aperfeiçoar, ao dar-lhe a qualidade de sistema, que se constrói a partir de premissas cuja validade repousa na sua generalidade racional. A teoria jurídica passa a ser um 'construído sistemático' da razão, e em nome da própria razão,

um instrumento de crítica da realidade." (Ferraz Júnior, 1988a, p. 26 e 1988b, p. 67)

Em síntese, o jusnaturalismo moderno, ao produzir uma teoria jurídica norteada pela idéia de sistema e pelo método sistemático, segundo o rigor lógico da dedução, desloca o ponto de partida da teoria jurídica da autoridade para a razão, introduzindo a noção de sistema como herança que não mais abandonará e que constituirá uma das notas típicas do paradigma dogmático, não obstante o deslocamento que fará em relação aos axiomas norteadores do sistema jusnaturalista.

De qualquer modo, como lembra Larenz (1989, p.19), se a idéia de sistema constitui, na Ciência Jurídica, uma herança da Escola do Direito natural, também mergulha profundamente as suas raízes na filosofia do idealismo alemão.

3. O Positivismo[10] como matriz epistemológica do paradigma dogmático de Ciência Jurídica

A condição de "Ciência prática", a atividade de "exegese" ou "interpretação" e a noção de "sistema" constituem, então, as heranças mediatas mais significativas da teoria jurídica européia para o paradigma dogmático que somente se configura, contudo,

[10] A ambigüidade do signo positivismo impõe alguns esclarecimentos sobre os sentidos em que o empregamos.
Distinguimos entre o positivismo materializado através de escolas de pensamento específicas que, do ponto de vista da história das idéias, se desenvolvem com uma certa homogeneidade e continuidade e o positivismo como conceito classificatório, cuja formulação remete a diferentes raízes e tradições de pensamento.
Como Escolas, reconhecemos a Filosofia Positiva (representada por Saint-Simon (na primeira fase de seu pensamento) Comte, Spencer, Darwin e outros), a Escola positiva italiana (representada por Lombroso, Ferri, Garofalo e outros) e a Escola de Viena, Neopositivismo ou Positivismo lógico (representada por Wittigenstein (na primeira fase de seu pensamento) Carnap e outros).
Como conceitos classificatório consideramos aqui o positivismo e o positivismo jurídico.
Por positivismo, positivismo científico ou concepção positivista (expressões usadas aqui como equivalentes) entendemos um conceito classificatório que traduz um núcleo ou unidade mínima e genérica de sentido desta matriz epistemológica que permita abarcar as suas heterogêneas raízes e desenvolvimentos (como as Escolas citadas). É este conceito classificatório que explicitaremos na continuação.

sob a influência central e decisiva do positivismo, pois "(...) parece evidente que o positivismo, no sentido mais amplo de sua acepção, condiciona de modo essencial a estrutura e o conteúdo da teoria disponível." (Puceiro, 1981, p. 31)

Desta forma, se a Escola do Direito Natural (1600-1800) operou o trânsito do ideal científico racionalista para o âmbito jurídico, o "o momento fundacional do método jurídico moderno deve ser fixado no instante do trânsito do jusnaturalismo racionalista ao positivismo, operado através do historicismo (Puceiro, 1980, p. 59)

3.1. A CONCEPÇÃO POSITIVISTA DE CIÊNCIA

A pedra angular do positivismo é o princípio do cientificismo, o qual consagra a Ciência como a única forma válida de conhecimento, fazendo dela o principal motor do progresso humano. O sentido do conhecimento resulta definido pelo que realizam as Ciências. (Puceiro, 1980, p. 16; Bobbio, 1980, p. 178-9; Cupani, 1985, p.13-4)

Se, na concepção racionalista (Galilei, Hobbes, Leibniz) o mundo era visto como um sistema ordenado regido por leis universais e necessárias que o homem, enquanto ser razoável, era dotado de capacidade de compreender, e a Ciência, conseqüentemente, concebida como adequação da razão subjetiva do homem à razão objetiva do universo; na concepção positivista, o mundo já não se define como um conjunto de leis absolutas e predeterminadas, mas como um conjunto de fatos, causalmente determinados, incumbindo à Ciência descobrir as leis em que o determinismo se manifesta. (Bobbio, 1980, p. 175-6 e 178)

Ou, como a sintetizaria Habermas (1983, p. 303) para a concepção positivista "o mundo aparece como um universo de fatos, passivo de descrição, revelado pela conexão interior factual sujeita a leis".

É sobre estes pressupostos que se funda a idéia geral de Ciência do positivismo. Os dados sensíveis da experiência, isto é, os fatos verificáveis (passíveis de observação, recolhimento e experimentação metódicos) constituem o princípio e o fim (o guia) da investigação científica. O que não é redutível a fato experimentalmente controlável não entra no sistema da Ciência. E como esta, para o positivismo, é a única forma possível de conhecimento, não é sequer cognoscível. Por outro lado, para a totalidade destes fatos sensíveis - do mundo exterior ou interior (anímico) - vale a lei geral da causalidade: todo fenômeno tem a sua causa, cronologicamente anterior, a qual, de harmonia com as leis naturais, produz necessariamente aquele efeito. A missão da Ciência é descobrir as leis de harmonia mediante as quais o determinismo se realiza em pormenor e, a partir desta descoberta, explicar os fenômenos. (Larenz, 1989, p. 43)

Neste ponto de partida "o pensamento positivista revela-se como paradigmático o modelo das Ciências da natureza como Ciências exatas, sendo, nessa medida, o positivismo um naturalismo." Larenz (1989, p.42)

Desta forma, o positivismo rejeita a especulação filosófica como metafísica - porque não passível de verificação empírica - e reduz a Filosofia à Filosofia da Ciência (Epistemologia)[11].

E esta rejeição do racionalismo metafísico e do universalismo vai essencialmente acompanhada de uma valorização do método de modo que:

> "Para o positivismo, a Ciência é inconcebível sem o método. O afã de proceder metodicamente e o aperfeiçoamento do método seriam os fatores dos quais derivariam todas as virtudes da Ciência, a começar pela sua objetividade". (Cupani, 1985, p. 60-1)

A ênfase do positivismo recai, desta forma, sobre os métodos e regras de constituição do conhecimento, independentemente do domínio da realidade a que se aplicam e dos sujeitos que o produzem, que perdem toda significação para uma teoria do conhecimento reduzida ao âmbito da metodologia.

As Ciências se apresentam então como um sistema de procedimentos e proposições; como um conjunto de regras segundo as quais as teorias são construídas e verificadas. O científico é, antes de tudo, um registrador de fatos e somente através desta obra de exploração e registro pode compor relações

[11] Esta rejeição da metafísica, endereçada a desqualificar a concepção racionalista da Ciência deve, contudo, ser bem compreendida, pois, como adverte Bobbio (1980, p. 178), "A concepção positivista da ciência não se distingue (...) da metafísica pelo distinto resultado a que tende - o resultado é sempre a verdadeira lei da natureza - mas pelo distinto modo de obtê-lo (...). O positivista é antimetafísico já não porque não comparta a idéia metafísica do saber total, mas porque pensa que este não é o caminho: que o caminho para chegar ao saber total não é o caminho especulativo, mas o experimental. Ao fundo do caminho positivista, como do metafísico, está a ciência verdadeira, a ciência total, a ciência absoluta, está a explicação verdadeira, única e defintiiva de todas as coisas".

constantes ou leis gerais, embora sujeitas à experimentação por novos fatos. E a objetividade, para o positivismo, equivale a controle intersubjetivo graças ao qual os enunciados científicos correspondem ao objeto, isto é, à "realidade". Conseqüentemente, um conhecimento será considerado científico na medida em que ostente as características externas de tal; ou seja, se articule a si mesmo de modo sistemático e coerente e resista, a seguir, aos procedimentos de verificação empírica das hipóteses em que se apóia.

Os positivistas estão assim persuadidos da existência de uma maneira científica de proceder (científica por si mesma, por assim dizer) fora da qual não haveria Ciência, de modo que fazê-la equivale a utilizar o método científico. (Cupani, 1985, p. 59 e 61)

3.2. A RECEPÇÃO DA CONCEPÇÃO POSITIVISTA DE CIÊNCIA PELA ESCOLA HISTÓRICA: configuração e identidade metodológica do paradigma dogmático

3.2.1. Objeto e tarefa metódica da Dogmática Jurídica

A concepção positivista de Ciência servirá assim de fundamento à tentativa mais acabada de edificação de uma Ciência Jurídica à maneira moderna (Ollero, 1982, p. 24)

Ela dará origem, no âmbito jurídico, a uma ampla gama de tendências doutrinárias, expressandose nos capítulos metodológicos do "Sistema de Direito Romano atual" de Savigny e cuja matriz fundamental está, talvez, no livro II do "Espírito do Direito Romano", de Jhering[12]. (Puceiro, 1981, p. 16 e 25)

Para os representantes da Escola Histórica, não obstante seus deslocamentos de concepções, o Direito é o dado; o historicamente posto, por uma vontade determinada em um contexto espacial e temporal específico. Tanto para Savigny quanto para Jhering o Direito não se reconhece, como na teoria do Direito natural, a partir de seu conteúdo, mas a partir de sua forma de aparição na vida social. É a "positividade o que constitui formalmente ao objeto 'Direito'." (Puceiro, 1981, p.16)

Com a afirmação da pertinência do Direito ao âmbito das realidades históricas e, portanto, ao dos

---

[12] É importante registrar, neste sentido, que é a Escola histórica alemã não apenas que vai criar o termo "Ciência Jurídica", mas também que vai se empenhar em dar à investigação do Direito um caráter científico. (Ferraz Jr., 1988a, p. 18)
A obra jurídica de Rudolf Von Jhering se caracteriza por uma significativa linha divisória. Enquanto no primeiro período de sua criação, sobretudo no "Espírito do Direito Romano", Jhering não apenas apoiou a Jurisprudência dos Conceitos formal de Puchta, mas a elevou ao seu ápice, no segundo período, de que são expressão já o próprio livro III do "Espírito" e as obras "O fim no Direito" e "A luta pelo Direito", perseguiu-a com sarcasmo e procurou substituí-la por uma orientação muito diversa.
Quanto à Friedrich Savigny, também há que se diferenciar a obra de juventude da obra de maturidade, podendo-se assinalar três etapas na sua evolução intelectual. A primeira, deve ser situada em torno das "lições de metodologia" (*Juristische Methodenlehre*) ministradas em 1802-1803 na Universidade de Marburgo e de seu ensaio sobre a posse, o menos conhecido. A segunda se expressa através dos escritos programáticos de 1814 e 1815 através dos quais Savigny pode ser considerado o fundador da Escola histórica. A etapa final deve ser situada em torno de 1840, ano de publicação do primeiro volume do seu "Sistema de Direito romano atual", obra na qual culminam quatro décadas de reflexões metodológicas. A respeito ver Puceiro (1981, p.59-96) e Larenz (1989, p.10-26 *passim*).

fatos empiricamente verificáveis, a idéia jusnaturalista de um Direito abstrato e universalmente válido é relegado ao campo das ideologias ou da metafísica. Toda a afirmação de leis ou princípios pretensamente universais é, por sua própria impossibilidade de verificação empírica, matéria da subjetividade e está, portanto, subtraída ao domínio da Ciência.

O saber jurídico busca sua cientificidade através da eliminação sistemática de tudo aquilo que, de um modo ou de outro, não se refira a sua positividade.

É nesta ordem de idéias que:

> "O objetivo da ciência jurídica, outrora vinculado ao empreendimento construtivo da Ciência do direito natural, fica limitado à exposição das condições de realização dos métodos e regras práticas da construção jurídica. A Ciência do direito é Ciência do Direito Positivo, vale dizer, daquilo que, desde um ponto de vista estritamente experimental cabe verificar como direito." (Puceiro, 1981, p. 26-7)

Considera-se proveniente de Savigny o giro epistemológico mais importante produzido pelo conhecimento jurídico para a gênese da Dogmática pois, com o entendimento do Direito e sua Ciência como história e sistema que se demandam reciprocamente, contribuiu de maneira sem precedentes para a elaboração do modelo da Dogmática. De forma que no seu legado à Ciência Jurídica, tão importante como o fator histórico é o sistemático, inseparavelmente associados. O conhecimento sistemático qualifica o saber jurídico como Ciência. (Hernandez Gil, 1981, p. 24-29)

Neste sentido, os primeiros escritos de Savigny (Lições de Metodologia e sobre a posse) já adiantam vários dos temas mais importantes do "Sistema", pois neles a vocação sistemática da época se enlaça com um novo modelo de investigação cientifica embuído, todavia, de uma clara consciência da relevância científica da singularidade dos acontecimentos históricos. (Puceiro, 1981, p.67)

Este resgate da importância da individualidade e da concreção histórica dos materiais jurídicos (do individual na história) dista ainda da consciência da historicidade do Direito - entendido como dinamismo orgânico e espontâneo da vida real - que caracteriza os escritos de 1814 e 1815.

Ao reconstruir a noção de posse, o Direito aparece, para Savigny, como um dado positivo elaborado por um legislador historicamente determinado. Como tal, apresenta a forma e a estrutura de um sistema, entendido no sentido que obterá a partir da Escola Histórica. Trata-se de um sistema imanente à realidade social; de um subsistema dentro da totalidade do sistema social.

Sua visão da interpretação é conseqüente com dita visão geral do Direito. Interpretar é reconstruir o sentido da lei - frase que conservará vigência até o "Sistema" e dali se transferirá à Dogmática Jurídica. Como operacão intelectual destinada a dar conta do sentido das normas, a interpretação tem por objetivo uma sorte de objetivação da realidade histórica. (Puceiro, 1981, p.68)

História e sistema se supõe que se exigem mutuamente. Toda a teoria da interpretação exposta por Savigny, desde as "Lições" até o "Sistema", está presidida pela idéia de que o sistema jurídico é uma totalidade hermética, princípio baseado, por sua vez, na crença de uma racionalidade natural imanente ao mesmo. É por isso que os diversos métodos interpretativos se reduzem em última instância ao lógico-sistemático. (Puceiro, 1981, p.70)

A interpretação, especialmente a judicial, se limita, conseqüentemente, ao conhecimento científico dos materiais normativos,

> "(...) como condição básica para a existência de um sistema social baseado na previsibilidade dos comportamentos, a segurança e certeza das relações e a primazia de um mecanismo abstrato de controle e resolução de conflitos. Tudo isso supõe a colocação no primeiro plano do interesse da Ciência da idéia de objetividade ou neutralidade valorativa e, plano das técnicas, a proibição da interpretação autêntica." (Puceiro, 1981, p. 71)

Contudo, a primeira formulação teórica da Dogmática, que segue sendo a mais completa e sugestiva, se deve ao Jhering do "Espírito do Direito Romano":

> "Antes de Jhering e antes inclusive da Escola histórica, mas sobretudo a partir desta se vinha submetendo o Direito Positivo a um modo de pensá-lo e tratá-lo, chamado dogmático, no que a operação fundamental consistia na construção jurídica. Não obstante, havia um grande vazio explicativo. O delineamento de Savigny era mais geral. Por isso poderá dizer Jhering com razão: 'A Ciência parece muda, e longe de estabelecer a teoria da construção jurídica, nem ainda tentou, que eu saiba, sua definição'. O vazio ficou amplamente coberto." (Hernandez Gil, 1981, p. 30)

A partir, sobretudo, dos capítulos metodológicos do "Espírito do Direito Romano", se distinguem dentro do corpo da Ciência uma primeira escala ou fase do conhecimento que Jhering denomina *jurisprudência inferior* (a interpretação) e uma escala mais alta, a *jurisprudência superior*, centrada na conceitualização e sistematização.

A primeira, que é atividade interpretativa comum do cientista e do jurista prático, engloba a análise e a concentração lógica; a segunda, que incumbe apenas ao cientista, é a construção jurídica.

Se a tarefa da interpretação é, em Savigny, uma forma de conceber o conhecimento na esfera do Direito, em Jhering e já, definitivamente, para a Dogmática, é uma etapa primeira e inferior da atividade de construção científica.

O campo da interpretação situa-se na fase analítica que precede à conceitualização e sistematização. A partir da Escola Histórica interpretar será, antes de tudo, reconstruir o pensamento contido na lei, o que marca a desaparição do intérprete do campo da interpretação como reflexo do fenômeno mais profundo pelo qual o sujeito cognoscente deixa de ser, para a teoria positivista, o sistema de referência obrigatório do ato de conhecimento.

Logo, o modelo cognoscitivo da Dogmática está integrado pela análise, a concentração lógica ou síntese e a construção jurídica, que constituem as três operações fundamentais do método ou a técnica jurídica. (Puceiro, 1981, p. 18-20; Hernandez Gil, 1981, p. 32)

O paradigma científico da Dogmática é assim perspectivado para as seguintes notas distintivas:

"a) O objeto da tarefa dogmática são as normas positivas de origem estatal.

b) A tarefa da dogmática é a construção científica de um sistema conceitual capaz de dar razão rigorosa da totalidade da experiência jurídica, elaborada a partir do material que oferecem as regras positivas." (Puceiro, 1981, p. 41)

De acordo com estes pressupostos, o núcleo do paradigma dogmático estará constituído pela idéia de construção jurídica, que especificamente o qualifica.

A construção é, para Jhering[13], uma aplicação do método da história natural à matéria jurídica que opera a conversão das regras em definições jurídicas. Seu resultado arquetípico é o sistema. Conhecer é sistematizar, e sistematizar é construir. A Dogmática aparece, assim, como o conjunto de operações construtivas do jurista e, em outra possível acepção derivada, como o resultado final desta tarefa, expressa sob a forma de um conjunto sistemático de categorias científicas, destinado a dar razão da totalidade da experiência jurídica. Deste forma, o Direito é inintelegível sem uma referência a sua conexão sistemática interna. Esta se apresenta como uma exigência lógica, derivada da própria natureza do objeto Direito, e não como o resultado da aplicação artificial de uma ordem externa. (Puceiro, 1981, p. 109-110)

O ponto de partida da reflexão metodológica de Jhering consiste assim:

[13] Luhmann (1983, p.19) assinala, nesta perspectiva, que o conceito de construção jurídica de Jhering, ao promover a inserção do "sistema" no próprio objeto (Direito) e a fundamentação da própria "sistemática" científica a partir dele, requer como conseqüência a passagem à concepção do sistema jurídico como sistema parcial da realidade social (sociedade); ou seja, uma diferenciação do sistema jurídico como subsistema social.

"(...) na afirmação de que o método jurídico não é uma regra exterior arbitrariamente aplicada ao direito, e sim o resultado exigido pela própria natureza do fenômeno jurídico - 'o método único' -. Seus princípios e regras, as operações que o conformam desde o momento de máxima simplicidade até sua fisionomia mais complexa e elaborada vêm exigidas por uma necessidade essencial, que outra não é senão o encargo instrumental do direito: 'o regular de maneira segura a marcha do direito no domínio da prática'." (Puceiro, 1981, p. 125-6)

Os conceitos da Dogmática, elaborados sobre a base de um esquema lógico de indução-dedução, assumem uma espécie de "expansão lógica" que lhes outorga uma força normativa similar àquela da matéria-prima fornecida pela análise química. Assim, embora Jhering sustente que a construção deve aplicar-se diretamente ao Direito Positivo, o paradigma dogmático não se apóia, geneticamente, nas normas jurídicas, entendidas como o limite da experiência jurídica possível, pois a tarefa metódica de índole construtiva se projeta para além dos termos em que se circunscreve o dado positivo, reenviando o jurista para a descoberta e apreensão de conceitos e princípios (latentes) a que as normas se referem de modo não-exaustivo.

Este é o significado da expressão "conceitualismo genético" a que se costuma fazer referência para designar a "Jurisprudência dos Conceitos" (1º Jhering): o dado genético do Direito é o conceito.

Assim,

"O direito é algo mais que uma massa de leis - afirma Jhering em diversas oportunidades - e as dificuldades mais sérias para sua assimilação não residem, tanto no número ou quantidade de normas como na natureza das mesmas, inacessível a uma apreciação puramente quantitativa." (Puceiro, 1981, p. 121)

Do exposto sobre as idéias de Jhering podem ser sublinhados três aspectos fundamentais: a) a consideração da linguagem da Dogmática como uma linguagem *indicativa*, pois situa a Ciência Jurídica no plano da descrição, aproximando os resultados da construção jurídica do ideal moderno de Ciência: suas proposições descrevem ou indicam situações normativas; b) a conceitualização das normas como uma *lógica* do Direito; e, c) o reconhecimento de uma finalidade prática que se impõe como uma derivação (interna) da própria estrutura da construção científica: o momento prático fica de certo modo subsumido no momento teórico.

Nesta perspectiva:

"O postulado de sistematicidade, concebido como qualidade inerente ao objeto com que opera a ciência jurídica, não pode menos que condicionar, no Jhering do espírito, a idéia de uma ciência jurídica que ergue sua sistematicidade sobre a base do 'fundamento objetivo' que oferecem os próprios materiais a que tem acesso o jurista. (...) A 'construção' se orienta, precisamente, a um tratamento técnico dos dados jurídicos que atende tanto à necessidade de rigor lógico que é característico da ciência como à imprescindível concretização que exigem os imperativos da prática." (Puceiro, 1981, p. 114-5)

3.2.2. A Dogmática Jurídica como Ciência Prática

A condição de Ciência "prática" que marca a Ciência Jurídica desde a antigüidade reaparece aqui condicionando essencialmente o paradigma dogmático.

Com efeito, tendo pontualizado que o Direito existe para se realizar e que em tal dimensão prática alcança sua vida e verdade, isto é, o seu próprio ser, Jhering pontualizou também que uma vez que os diferentes Direitos se cumprem todos e por toda parte da mesma maneira, seu conteúdo material pouco importa. O decisivo é que é possível determinar de uma forma geral e absoluta "como" o Direito se realiza. Por outro lado, sob esta relação existe um "ideal absoluto" perseguido por todo Direito, qual seja, que o Direito deva realizar-se de um modo necessário, seguro e uniforme e, ademais, de uma maneira fácil e rápida, circunstância esta última que apresenta diferenças notáveis nas várias legislações. Sendo assim, todo o problema do tratamento do Direito radica em como se realiza. Trata-se de uma questão de forma, e não de conteúdo, ainda que este reverta inevitavelmente sobre aquela. (Puceiro, 1981, p.126).

E é em torno ao modo de realizar-se que aparecem:

> "(...) a técnica de aplicação, que é uma arte, e a teoria correspondente, que é a ciência. O conhecimento, tema da ciência, recai sobre a realização, dentro da qual fica compreendida a técnica de aplicação. Portanto, a teoria vem a ser uma reflexão centrada sobre a prática e a aplicação do direito." (Hernandez Gil, 1981, p. 30-1)

A teoria da técnica jurídica busca então determinar as condições sob as quais o Direito seria capaz de cumprir aquele ideal de segurança com um máximo de economia e celeridade, independentemente ou com abstração dos conteúdos concretos de cada ordenamento jurídico em particular. Sua finalidade essencial é consolidar o princípio da certeza como base para a segurança do tráfego jurídico.

Neste sentido:

> "(...) a Dogmática leva em consideração tanto o momento normativo como o momento aplicativo. Os resultados da operatividade científica também chegam à aplicação. Mais ainda, esta aparece pressuposta na própria elaboração da teoria."(Hernandez Gil, 1988a, p. 45)

E porque impera no Direito uma necessidade tão lógica e imperiosa de realização, as reflexões elaboradas sobre a base do Direito Romano puderam ser elevadas à linguagem geral da técnica jurídica, com abstração dos ordenamentos jurídicos concretamente considerados.

Ser uma Ciência prática não significa, portanto, que a Dogmática Jurídica se ocupa do conteúdo ou da fenomenologia da prática do Direito, mas que se trata de uma Ciência intrínseca e imediatamente empenhada numa "função" prática (Dias e Andrade, 1984, p.99-100) e, como tal, se ocupa da forma (técnica) de aplicação do Direito que integra o objeto de sua reflexão teórica de tal modo que, nela, o escopo prático domina o teórico. (Monreal, 1982, p.175).

De qualquer modo, em Jhering, o reconhecimento desta função prática não descaracteriza a natureza teórica e descritiva da Ciência Jurídica.

Por outro lado, no marco das exigências científicas em que tem lugar seu contributo metodológico para a Dogmática Jurídica, o distanciamento da prática deveria ser benéfico para a própria racionalização da prática jurídica, de modo que se a construção metódica do sistema

> "(...) por momentos abandona o que para uma visão superficial poderia ser a 'prática', não é senão para remontar-se à origem das instituições e determinar assim a sua inserção sistemática: 'para ser prática, a jurisprudência não deve se restringir unicamente às questões práticas'." (Puceiro, 1981, p. 136)

Assim, como referimos na introdução deste capítulo, se por um lado a Dogmática Jurídica responde à separação entre teoria e práxis e a conseqüente afirmação de um modelo de saber jurídico como atividade essencialmente teórica, presidida por uma atitude axiologicamente neutra e tendencialmente descritiva há nela, por outro lado, uma evidente funcionalização prática da teoria.

3.2.3. A redefinição das heranças na tipificação historicista do paradigma dogmático

Em definitivo, pois, na base de configuração do paradigma dogmático de Ciência Jurídica encontra-se o deslocamento do objeto do saber jurídico da razão para a história - o Direito historicamente posto - em função do qual se redimensiona a tarefa metódica da Ciência Jurídica que passa a centrar-se na construção jurídica.

Reaparecem assim redefinidas as heranças jurisprudencial, exegética e sistemática. No seio do paradigma dogmático, orientado para a realização do Direito, a interpretação não é senão um capítulo preliminar da construção jurídica que encontra seu momento culminante no sistema.

A noção de sistema, entendida como ordenação coerente e orgânica das proposições descritivas de uma dada realidade, é metodologicamente assimilada pelo paradigma dogmático que desloca, contudo, os axiomas enraizados na sistemática jusnaturalista. Pois, enquanto estes são proposições relativas a uma ordem ideal, os axiomas da Dogmática são, a partir do historicismo (e de modo nítido do juspositivismo, como veremos), *proposiciones* acerca do ordenamento jurídico-positivo.

Aquilo que a razão representou para o Jusnaturalismo passou a ser substituído pelo fenômeno histórico. Surgiu assim a Dogmática moderna desta exigência de uma fundamentação histórica de suas construções. Operacionalmente, isto significou, guardadas as devidas proporcões, uma síntese do material romano com a sistemática do jusnaturalismo e uma vinculação do historicismo com uma teoria do Direito prático. (Ferraz Júnior, 1988b, p. 74-5)

Paradoxalmente, contudo, surgida contra o racionalismo a-histórico da Escola da exegese, a Escola histórica, "contribuiu, mais que nenhum outro movimento ideológico a introduzir no método jurídico a preocupação pelo rigor lógico e pelas construções sistemáticas abstratas." de forma que originariamente vocacionada para um sociologismo jurídico engendrou um dogmatismo e um formalismo conceitual. (Mir Puig, 1976, p. 210)[14]

---

[14] Com efeito, ocorre no interior da Escola histórica (que se desenvolve ao longo de praticamente seis décadas) um deslocamento de sua preocupação originária, tal como aparece em seus escritos fundacionais, de dar ao pensamento jurídico um caráter científico através da incorporação da História do Direito ao pensamento

No modelo dogmático, pois, os componentes lógico-sistemáticos terminariam por sobrepor-se aos históricos, inclinação já presente no próprio Savigny. Se o grito de combate foi o historicismo, o efetivamente conseguido e legado à Ciência posterior foi uma racionalização do discurso jurídico não alcançada anteriormente com relação ao Direito Positivo. (Hernandez Gil, 1981, p. 29)

A Ciência Jurídica é assim:

"(...) ciência formal, que de maneira substancialmente idêntica à do modelo racionalista se orientará para a construção do sistema conceitual geral, embora exercendo o seu novo *approach* sobre o material de uma realidade historicamente circunscrita." (Puceiro, 1981, p. 27)

---

jurídico, pela ênfase que passa a ser conferida à Dogmática, como teoria do Direito vigente. A Ciência Jurídica, nos quadros da Escola histórica, originariamente aspirando a se constituir como Ciência histórica do Direito, passa a se configurar como Ciência Dogmática e formal. (Ferraz Jr., 1988b, p.74-5 e Puceiro, 1981, p. 27)
Todavia, este aparente paradoxo pode ser desfeito ao perquirirmos o conceito de história que lhe é imanente. É que o Direito passava a ser assumido como fenômeno histórico não no sentido de que estava *na* história; ou seja, de que era recolhido na temporalidade efêmera do acontecer humano, mas no sentido de que *era* história na sua essencialidade - um processo feito pelo homem. Como este processo é análogo ao da fabricação (a história como um fazer e não como um agir), ele tem começo, meio e fim. E, ao final do processo, o Direito feito é o Direito vigente. Desta forma, embora a Escola histórica insistisse na historicidade do método, ao final da pesquisa, o resultado se tornava mais importante do que a própria investigação que o precedera. Daí a presença que a Dogmática do Direito vigente assume, no pensamento jurídico, em relação à sua história. (Ferraz Jr., 1988b, p. 74-5)

4. O positivismo jurídico de inspiração liberal e sua recepção pelo paradigma dogmático de ciência jurídica

Se com a Escola histórica ficam configuradas, nesses termos, as notas típicas do paradigma dogmático tal como se transfere à Ciência Jurídica posterior, é com o positivismo jurídico que ele assumirá uma identidade autônoma e acabada.

4.1. CARACTERIZAÇÃO DO POSITIVISMO JURÍDICO

Bobbio (1980, p. 39-40) alude a uma tríplice raiz do positivismo jurídico[15] que, portando tradições,

---

[15] A ambigüidade presente no signo "positivismo" se expande quando adjetivado de "jurídico", pois o juspositivismo não corresponde a uma Escola de pensamento, reconhecendo diversas fontes, como o empirismo inglês desde Bentham, o pensamento francês da Escola da exegese e a Pandectista alemã, que corresponde a uma derivação da Escola histórica a partir de Windscheid.
A dificuldade em caracterizá-lo a partir de um quadro conceitual monolítico se acentua também pela inexistência, ao que saibamos - e ao contrário do que sucede com o jusnaturalismo - de uma história ampla, documentada e exaustiva do juspositivismo.
E tais dificuldades em precisar o sentido e o alcance do positivismo jurídico encontram-se muito significativamente manifestas nas di-

conteúdos e elaborações distintas, permite-nos circunscrevê-lo e situar sua recepção pelo paradigma dogmático.

Distingue, assim, três aspectos de manifestação histórica do positivismo jurídico, que o caracterizam:

a) O positivismo jurídico como modo de aproximar-se ao estudo do Direito (*approach* ao Direito);

b) o positivismo jurídico como determinada teoria ou concepção do Direito; e

c) o positivismo jurídico como ideologia.

4.1.1. O juspositivismo como *approach* ao Direito

Esta acepção não traduz o método (instrumentos e técnicas empregados na investigação jurídica), a respeito do qual o positivismo jurídico não apresenta uma caracterização peculiar, mas a delimitação do objeto investigado - o Direito - a partir de um enfoque específico.

---

vergências da teoria jurídica, entre uma caracterização unitária e uma caracterização multifária desta matriz jurídica.
Da primeira orientação participam autores como Uberto Scarpelli e Garcia Maynez. Da segunda, autores como Herbert Hart, Mario Gattaneo e Norberto Bobbio. (A respeito ver Maynez, 1977, p. 42 *et seq*).
Seguimos aqui, o conceito classificatório de positivismo jurídico oferecido por Bobbio que, não obstante as críticas experimentadas, consideramos de grande força explicativa para circunscrever a identidade do paradigma dogmático de Ciência Jurídica. É necessário levar em conta que, em se tratando de um conceito tripartida, a atribuição de juspositivista a uma obra ou pensador, nela baseada, pode se dar tanto em sentido parcializado - na medida em que corresponda a algum de seus aspectos - ou global - na medida em que corresponda a todos eles.
A respeito do "formalismo jurídico" e sua relação com o positivismo jurídico e o paradigma dogmático, ver Bobbio (1965, p. 11-36), Maynez (1977, *passim*) e Puceiro (1981, p. 28-31 *passim*).

Trata-se de uma forma de aproximação ao estudo do Direito que pode ser designada de científica precisamente por se inserir no movimento mais geral das Ciências para uma distinção radical entre fatos e valores; para a exigência de objetividade e neutralidade valorativa como critérios de cientificidade. (Bobbio, 1981, p. 40-1).

Como *approach* ao Direito, o positivismo jurídico se caracteriza, pois, por uma nítida distinção entre Direito Real ou Positivo e Direito Ideal; entre Direito como fato e Direito como valor; entre o Direito que é e o Direito que deve ser e pela convicção de que o objeto da Ciência Jurídica deve ser necessariamente o primeiro, nas dicotomias. (Bobbio, 1981, p. 41-3)

Assim:

> "Se se aceita chamar de direito positivo o direito vigente em uma determinada sociedade, isto é, aquele complexo de regras emanadas segundo procedimentos estabelecidos, que são habitualmente obedecidas pelos cidadãos e aplicadas pelos juízes, pode-se definir 'positivismo jurídico' como teoria do direito que parta do pressuposto de que o objeto da ciência jurídica é o direito positivo; isto é algo diferente a afirmar que 'não existe outro direito que o direito positivo'. O jurista que faz profissão de fé positivista não nega geralmente que exista um direito ideal natural ou racional, mas simplesmente nega que seja direito na mesma medida que é o direito positivo, dando a entender que o mesmo caráter que o distingue do direito positivo, ou seja, o fato de não ser vigente, é o que exclui o interesse de fazê-lo

objeto de investigação científica." (Bobbio, 1981, p. 43)[16]

Este *approach* do positivismo jurídico se fundamenta no juízo de conveniência segundo o qual partir do Direito que "é", ao invés do Direito que "deve ser", serve melhor ao fim principal da Ciência Jurídica: o de proporcionar esquemas decisórios aos órgãos jurisdicionais e construir o sistema da ordem vigente, pois, como o demonstra a verificação histórica, é este o Direito que se aplica nos tribunais e que interessa conhecer.

Nesta acepção, positivista é, conseqüentemente, aquele que adota frente ao Direito uma atitude avalorativa ou eticamente neutra prescindindo, na sua delimitação, de juízos finalistas ou axiológicas, numa clara rejeição aos critérios jusnaturalistas de validade do Direito. (Bobbio, 1981, p. 42 e 49)

---

[16] Esta caracterização de Bobbio foi objeto de crítica de Maynez (1977, p.22) que, desde uma perspectiva unitária de definição do juspositivismo, sustenta que a distinção entre "Direito real" e "Direito ideal" protagonizada por Bobbio - embora proceda de Austin - contradiz a essência do positivismo jurídico, a saber, "o monismo jurídico positivista, ou a afirmação de que não há mais Direito que o 'positivo' entendendo por tal o que o poder público, através de seus órgãos, cria, reconhece e aplica."

A crítica, contudo, é improcedente. Em primeiro lugar, desconsidera a cautela de Bobbio no tratamento da aludida dicotomia, pois ele afirma que o jurista positivista "em geral" não nega um Direito ideal, o que, como toda regra, admite exceções, mas nega sua legitimidade como objeto da Ciência Jurídica. E é este o monismo característico do positivismo jurídico como aproximação ao estudo do Direito.

A autoridade da teoria kelseniana como *approach* juspositivista confirma a regra. Kelsen não nega a existência de um Direito ideal, embora postule sua exclusão do objeto da Ciência Jurídica. E é da dicotomia mesma entre "Direito que é" e "Direito que deve ser", manifesta desde a primeira página de sua Teoria Pura, que ele parte para delimitar, respectivamente, o âmbito da Ciência Jurídica e da Política Jurídica, que se ocupa, então, do Direito que "deve ser" (ideal). (Kelsen, 1976)

Através desta orientação metodológica o positivismo jurídico pretende, pois, fundamentalmente, delimitar a esfera do Direito enquanto objeto da Ciência Jurídica, e seu principal efeito é, a nosso ver, o de conformar a ideologia da "neutralidade ideológica" da Ciência Jurídica.

4.1.2. O juspositivismo como teoria

Na acepção de teoria, o positivismo jurídico designa uma particular concepção do Direito que vincula o fenômeno jurídico ao Estado, enquanto poder soberano detentor do monopólio da lei e da coerção, identificando-se então com uma teoria estatal do Direito que expressa, historicamente, a tomada de consciência, por parte dos juristas, do complexo fenômeno na formação do Estado moderno, mediante o qual este assume o monopólio da produção do Direito e do seu asseguramento coativo. Daí por que este aspecto tem sido designado de positivismo estatalista-legalista .

Bobbio (1981, p. 44) assinala, neste sentido, que o nexo existente entre o positivismo como *approach* e o positivismo como "teoria" não é um nexo lógico, porém fático ou histórico[17]:

> "Quando os juristas no fim do século XVIII se afastaram pouco a pouco do direito natural e foram atraídos pelo estudo do direito positivo até dissolver a teoria do direito natural na filosofia do direito positivo, o direito positivo

---

[17] Ao que Puceiro (1981, p.37) responde: "o que é factual ou histórico, não é a vinculação existente entre a primeira e a segunda acepção, mas a resposta à questão do conceito de Direito que vem implicada de modo essencial na segunda acepção."

que se lhes apresentava como objeto de estudo era o direito unificado pelo poder estatal das monarquias absolutas. Historicamente me parece que se pode dizer que positivismo jurídico no primeiro sentido e positivismo jurídico no segundo, surgem a um mesmo tempo. Mas este nexo histórico não pode ser modificado, sem uma grave tergiversação, em um nexo lógico; o estudo do direito como fato conduzia à concepção estatal do direito porque, de fato, todas as regras que os juristas elaboravam como direito vigente eram postas direta ou indiretamente por órgãos do Estado. O positivismo se apresentou como estatismo por razões históricas." (Bobbio, 1981, p.4)

Ao positivismo estatalista-legalista encontram-se vinculadas, assim, as seguintes teorias, geralmente consideradas como características do positivismo jurídico:

1) relativamente ao conceito de Direito, a teoria da coatividade, que o concebe como um sistema de normas jurídicas gerais aplicadas coativamente ou cujo conteúdo é a regulamentação do uso da força em dada sociedade;

2) relativamente ao conceito de norma jurídica, a teoria imperativa, que a concebe como mandato (de cumprimento estrito e coercitivo);

3) relativamente às fontes de Direito, a teoria monista, que preconiza a supremacia da lei escrita sobre outras fontes como o Direito consuetudinário, o Direito científico, o Direito judicial, o Direito que deriva da natureza das coisas, as quais são reduzidas à condição de fontes subordinadas;

4) relativamente ao conceito de ordenamento jurídico, a consideração do complexo das normas

como um sistema completo (sem lacunas), coerente (sem antinomias), decidível, do qual o proibido e o permitido são logicamente inferíveis e se pode extrair soluções para todos os casos concretos;

5) relativamente ao método da interpretação científica e judicial, a consideração da atividade do juiz e do jurista como atividade essencialmente lógica, dedutiva e não criativa e, portanto, neutra. E, em especial, a consideração da Ciência Jurídica como hermenêutica (Escola da exegese francesa) ou Dogmática (Escola pandectista alemã). (Bobbio, 1981, p. 45)

O positivismo como teoria se apóia, então, sobre diversos juízos de fato que podem ser sintetizados na seguinte fórmula: é faticamente verdadeiro que o Direito vigente é um conjunto de normas de conduta que direta ou indiretamente são formuladas e aplicadas pelo Estado. (Bobbio, 1981, p. 50)

Desta forma, insiste Bobbio (1981, p. 45-6), estas características do Direito não foram descobertas em conseqüência da consideração do Direito como fato, mas da sua identificação como fato, em determinado momento histórico (que coincide com a concentração da produção jurídica nos órgãos estatais), com o complexo de normas produzidas pelo Estado, isto é, com a Lei.

Por isto, o *approach* juspositivista, embora estreitamente vinculado com uma teoria do Direito - pela suficiente razão de que a distinção mesma entre o Direito que é o Direito que deve ser requer uma teoria mais ou menos elaborada sobre o Direito - não se vincula, necessariamente, a uma teoria estatal do Direito. Historicamente, contudo, a ela se vinculou[18].

[18] Puceiro sustenta, contra Bobbio, que a vinculação entre a primeira e a segunda acepção do positivismo jurídico é essencial. A sua caracterização como *approach* oferece as vantagens e desvantagens

4.1.3. O juspositivismo como ideologia

O terceiro aspecto do positivismo jurídico especificado por Bobbio é de natureza ideológica e, enquanto ideologia, representa a crença em certos valores, em nome dos quais confere ao Direito Positivo, pelo simples fato de existir, um valor positivo, independentemente de sua correspondência com o Direito Ideal.

Esta valoração positiva pode derivar de dois tipos de argumentação:

1ª) o Direito que é, pelo mero fato de sua positividade, isto é, de emanar de uma vontade dominante, é justo. O critério de justiça coincide com o de validade;

2ª) o Direito, como conjunto de normas impostas pelo poder que exerce o monopólio da força em determinada sociedade, serve, com sua mera existência, independentemente do valor moral de suas normas, para a obtenção de certos fins desejáveis como a ordem, a paz, a certeza e, em geral, a justiça legal.

---

de sua excessiva generalização. Se, por um lado, permite um enfoque unitário de correntes do positivismo jurídico como o positivismo legalista-estatalista e o sociologismo; por outro lado, não permite delinear com suficiente clareza o modelo do juspositivismo. Por isto, entendido na primeira acepção é insuficientemente caracterizado. Somente o recurso à segunda permite contar com uma idéia medianamente clara e precisa do que se deve entender por positivismo.
O primeiro e segundo sentido são, pois, essencialmente complementares, pois uma "atitude" para o Direito que partisse de uma valorização do mesmo exclusivamente na sua condição de "dado" somente poderia configurar uma posição positivista se complementada por uma "teoria" positivista do dado jurídico. O centro de gravidade de uma conceitualização do positivismo jurídico verdadeiramente útil e eficaz para a análise da experiência científica recai, em conseqüência, sobre o positivismo como teoria. (Puceiro, 1981, p. 35-7 *passim*)

De ambas as posições, deduz-se o juízo em que descansa o positivismo como ideologia: o Direito, pela forma como é estabelecido e aplicado e pelos fins a que serve, seja qual for seu conteúdo, tem por si mesmo um valor positivo e, por isso, suas prescrições devem ser incondicionalmente obedecidas. (Bobbio, 1981, p. 46-51 *passim*)

Segundo ainda Bobbio, este aspecto realiza a passagem da teoria à ideologia do positivismo jurídico; isto é, a passagem da descrição objetiva à valoração positiva do Direito. O efeito deste trânsito é a transformação do positivismo jurídico de teoria do Direito em teoria da justiça; ou seja, em uma teoria que não se limita a indicar, no plano fático, o que é o Direito, mas a recomendar o que, no plano axiológico, é o justo.

Desta forma, aduz, também o nexo entre o positivismo legal e o positivismo ideológico é factual ou histórico, e não lógico ou essencial. Se a teoria positivista é condicionada pela idéia moderna de Estado como monopólio da coação e da lei a ideologia positivista implica uma exaltação do Estado e sua função na vida do Direito. (Bobbio, 1981, p. 48)

O positivismo ideológico aparece assim historicamente vinculado ao positivismo legal , decorrendo daí a identificação do Direito estatal com o Direito justo. Na identidade positivista Direito-Lei-Justiça, a Justiça se identifica com a justiça legal.

4.2. A RECEPÇÃO DO POSITIVISMO JURÍDICO[19] PELO PARADIGMA DOGMÁTICO DE CIÊNCIA JURÍDICA

4.2.1. A recepção do *approach* juspositivista

Em primeiro lugar, parece claro que o positivismo jurídico como *approach* consolida a forma de aproximação ao estudo do Direito conferida pela Escola histórica à Ciência Jurídica, cujo objeto, des-

---

[19] Visualizamos duas grandes arenas de manifestação do positivismo jurídico, com trajetórias paralelas: a Teoria Jurídica e a Dogmática Jurídica.
Por um lado, o juspositivismo apresenta uma trajetória no âmbito da Teoria Jurídica, voltada para a construção de uma teoria estrutural do Direito que, centrada na idéia de sistema, parte do estabelecimento de um critério geral de reconhecimento da juridicidade - e de delimitação do objeto da Ciência Jurídica.
As obras de Kelsen, Austin, Hart e Alf Ross constituem, sem dúvida, as maiores expressões da Teoria Jurídica juspositivista centrada na análise estrutural do Direito.
Assim, Kelsen (1976, p. 267-367 e 1985, p. 323-342) constrói sua teoria da norma fundamental; Austin (*apud* Hart, 1986, p. 23-88) recorre ao poder soberano; Hart (1986, p. 89-135) elabora a sua regra de reconhecimento e Ross (1970, p. 29-151) apela a um reconhecimento operacional, do sistema jurídico, a partir da práxis dos tribunais.
Apesar das especificidades dos critérios de reconhecimento da juridicidade propostos, que afastam os modelos internamente, encontramos em todos eles o empenho na caracterização do Direito como um sistema de normas jurídicas e na delimitação de um critério de validade e unidade para o sistema, que os aproxima.
Contemporaneamente, acentua-se o deslocamento da análise estrutural para a análise funcional ou estrutural-funcionalista do Direito, em cujo âmbito destaca-se a obra de Luhmann. A obra de Bobbio, também exponencial da teoria juspositivista, contém uma análise estrutural e funcional do Direito.
A Dogmática Jurídica, nascida antes do juspositivismo, recebe dele um decisivo acabamento, vindo neste sentido a se dialetizar com a Teoria Jurídica, sob a racionalidade do Estado moderno.

de a orientação juspositivista será definitiva e propriamente o Direito Positivo estatal.

É que se a Escola Histórica exclui o idealismo metafísico e universalista do entendimento do Direito, e prepara o terreno quanto ao "dado" de fato sobre o qual fundar a investigação metodicamente dogmática do Direito, este "dado" não se identifica ainda, em seu âmbito, com uma normatividade unitária e estatal, pois tanto Savigny quanto Jhering têm como objeto prioritário de suas teorizações o Direito romano como Direito vigente, confrontandose com a ausência de uma codificação estatal e unitária na Alemanha de seu tempo.

Com efeito, as fontes do Direito Romano não estavam consubstanciadas, de modo geral, por normas jurídicas, mas principalmente por opiniões ou soluções jurídicas concretas e princípios gerais. Dadas a sua diversidade diacrônica, as irregularidades ou dúvidas dos textos e a complexa casuística, o sistema não equivalia à mera integração ordenada das normas já estabelecidas como tais.

Em seus momentos fundacionais, pois, a Dogmática tinha por objeto um ordenamento que, além de não integrado por normas jurídicas em sentido estrito, era marcado por uma fluência histórica criadora de complicados problemas de compatibilidade. (Hernandez Gil, 1988a, p. 44)

E carecendo, propriamente, da zona intermediária da articulação normativa, a investigação dogmática do Direito Romano alcança uma autêntica formulação de normas, requerendo a enunciação destas como obra da própria atividade científica. É o chamado "Direito dos Juristas". (Hernandez Gil, 1988b, p. 92-3)

É com o juspositivismo, portanto, representado na Alemanha pela Pandectista em diante, que o objeto da Dogmática Jurídica se identifica com o Direito Positivo estatal.

A par disto, o *approach* juspositivista vem essencialmente vinculado às exigências de autonomia, objetividade e neutralidade científicas, o que, se por um lado se insere nas exigências da concepção positivista de Ciência, como o sublinha Bobbio (1981, 40-1); por outro lado, e simultaneamente, expressa para a Ciência Jurídica as exigências de neutralização política do Judiciário que Ferraz Júnior (1988b, p.77) destaca "como uma das peças importantes no aparecimento da Dogmática como uma teoria autônoma." De modo que a recepção do *approach* juspositivista pelo paradigma dogmático é que gera, precisamente, o efeito de neutralidade ideológica da Ciência Jurídica.

No paradigma dogmático convivem doravante um método de aplicação universalista com um objeto espacialmente localizado (o Direito Positivo de determinado Estado) e ramificado (o Direito Civil, o Direito Tributário, o Direito Penal, etc.)

Assim:

> "Ainda quando a dogmática consagra uns universais no conhecimento do direito, este é para ela, como objeto de investigação, um determinado direito positivo. Enquanto método, é suscetível de aplicação geral. Um estudo da dogmática mesma, como tema de metodologia, permite tratá-la como uma operatividade que se reitera em suas linhas essenciais no que se refere a qualquer ordenamento. Entretanto, ao não partir de um *a priori* encarnado numa idéia

do direito, já que reputa como tal o historicamente vigente dentro de cada comunidade jurídica, ela mesma tem que se estabelecer o problema da própria demarcação do direito sobre a que versa. Junto à *universalidade do procedimento discursivo* está, pois, a *particularidade ou concretização do objeto*. Por isso começa com a identificação das normas." (1988a, p.51 - grifo nosso)

4.2.2. A recepção das teorias juspositivistas

Em segundo lugar, a Dogmática Jurídica acolhe, em suas formulações, o repertório das teorias juspositivistas (Warat, 1982b, p. 45), mediante as quais elabora uma dupla racionalização: do ordenamento jurídico abstratamente considerado e de sua aplicação.

É que a concepção (estatalista) do Direito que vem implicada, de modo essencial, na teoria juspositivista, é incorporada pelo paradigma dogmático e a partir deste axioma fundamental (Direito=Lei) se desenvolvem as suas crenças teóricas básicas sobre os conceitos de Direito, norma, fontes de Direito, ordenamento jurídico e atividade científica e judicial (correspondentes, no essencial, às cinco teorias elencadas por Bobbio) e, com elas, reafirmado fica seu compromisso funcional com a "segurança jurídica".

Assim:

"A suposição de existir um legislador racional e uma ordem jurídica com os mesmos atributos, a afirmação do caráter neutro da atividade judicial, a pretensão de uma Ciência do Direito descomprometida dos atos decisórios e do jogo

> social são as bases constitutivas desse efeito de segurança." (Warat, 1982b, p. 48)

Com efeito, em primeiro lugar, a racionalização dogmática do ordenamento jurídico passa, fundamentalmente, pela hipótese do "legislador racional" que, como o demostra Santiago Nino (1974, p. 82 *et seq.*), opera no paradigma dogmático como um autêntico axioma, pois é apenas na medida em que o legislador é dogmaticamente pressuposto como racional, isto é, como um sujeito singular, omnisciente, coerente, preciso, operativo, finalista e justo que ao ordenamento jurídico, que ele cria, se podem atribuir as mesmas propriedades. Tais são as regras ou princípios de que o ordenamento jurídico é operativo, completo, coerente, dinâmico, finalista e isonômico que passam a desempenhar um papel central no paradigma dogmático, uma vez que tanto a interpretação como a construção dogmática encontram neles o ponto de partida para as derivações lógicas que regerão suas operações. A importância destas regras transcendem em muito o plano da técnica, já que constituem critérios axiológicos supremos do ordenamento.

Neste sentido, se

> "Os teoremas que constituem o sistema conceitual do modelo dogmático são reconduzíveis aos axiomas originários, mediante procedimentos lógico-formais. Ainda assim, a construção do sistema só é possível com o concurso de certas hipóteses gerais de valor originariamente operacional, ainda que posteriormente elevados a axiomas. A principal delas é, talvez, a da racionalidade do legislador, entendida como uma presunção apriorística destinada a

tornar possível a idéia do ordenamento jurídico como sistema hermético, completo e auto-suficiente." (Puceiro, 1981, p. 38)

Mas não menos importante para a segurança jurídica é a racionalidade do juiz também pressuposta pela Dogmática Jurídica. Desta forma, basta-lhe fundamentar a racionalidade do ordenamento jurídico (através da recepção das teorias juspositivistas das fontes do Direito, da norma e do ordenamento jurídico, recobertas pelo axioma do legislador racional) e a seguir a racionalidade da sua aplicação (mediante a teoria da neutralidade da atividade científica e judicial) para que o Direito, emanado do legislador racional - e, portanto, intrinsecamente justo - aplicado pelo juiz racional - e, portanto, imparcial - e mediatizado pelo instrumental conceitual da Ciência Dogmática, esgote logicamente o seu itinerário. Se o ordenamento jurídico é racional, racionalizada sua aplicação, preservaria sua qualidade originária.

Reaparece assim na Dogmática Jurídica a morte da subjetividade do intérprete traduzida nas figuras do cientista e do juiz neutros: dupla neutralização que é produto, a um só tempo, da epistemologia positivista e das exigências de neutralização do Judiciário no âmbito da teoria da separação de poderes.

Neste sentido:

"A reflexão sobre o direito e o direito mesmo tornam a se aproximar graças a uma dupla identificação: norma jurídica equivale primordialmente à lei e o direito não é senão a aplicação desta à realidade social. O esclarecimento teórico da norma se realizaria em um âmbito de assepsia racional, e sua aplicação prática vai fluir por caminhos de similar 'pureza'.

...

Não havia dúvida, portanto, da viabilidade de uma ciência jurídica que não tem por que se preocupar de problemas que a excedem; legitimação da validade formal do direito, da obrigação que dela emana ou da conseqüente obediência do cidadão. Seus frutos práticos não seriam menos evidentes, ao substituir com uma racionalidade de base científica as arbitrariedades camufladas atrás da fantasmagórica 'razão prática'." (Ollero, 1982, p. 24-5)

Por último, se é a "racionalidade do legislador", decodificada pela Ciência Jurídica Dogmática, que outorga racionalidade ao ordenamento jurídico, num plano latente mais profundo é na

"(...) racionalidade intrínseca ao Estado moderno [que] vê o paradigma dogmático a fundamentação e justificativa de validade global do ordenamento jurídico: o direito vale e se impõe moralmente enquanto é, precisamente porque sua existência é o signo do processo de racionalização da vida social protagonizado, desde os tempos modernos, pelo Estado." (Puceiro, 1981, p. 41)

4.2.3. A recepção da ideologia juspositivista

A hipótese do "legislador racional" remete, então, à terceira acepção do positivismo jurídico recebida pelo paradigma dogmático, indicando, precisamente, que a Dogmática não se limita a considerar o ordenamento jurídico como válido ou objetivo, mas também lhe atribui certas propriedades formais e materiais, das quais decorre o dever de obediência.

Observamos assim no paradigma dogmático a recepção da ideologia juspositivista funcionando como um código interno latente de organização do seu discurso. Comanda a razão dogmática o ponto de vista de que a obediência ao Direito Positivo é racionalmente justificada. Nele, pois, tem marcada vigência o *slogan Gesetz ist Gesetz* ("A lei é a lei").

Santiago Nino (1974, p. 29) reconstrói o conteúdo da "ideologia básica" da Dogmática Jurídica a partir, precisamente, desta acepção, reconhecendo a Bobbio e Ross o mérito de terem-na explicitado. Discorda, contudo, de Bobbio por "confundi-la" com o positivismo jurídico quando se trata, aduz, de um jusnaturalismo encoberto.

Pois,

> "Há uma diferença relevante entre incluir uma norma em um sistema por se estar de acordo axiologicamente com ela e aceitá-la valorativamente por tê-la incluído no sistema com base em critérios objetivos. Nem sempre se percebeu esta distinção que, no entanto, faz um papel fundamental na ideologia jurídica. Ao lado do jusnaturalismo aberto, que desqualifica como direito a ordem positiva que não cumpre com certos cânones valorativos, se encontra o jusnaturalismo encoberto e conservador que julga toda ordem coativa como portadora de determinados valores positivos."

Sustenta, nesta perspectiva, que a ideologia dogmática consiste, de fato, numa atitude de adesão ao Direito Positivo, possuindo características específicas.

Em primeiro lugar, embora respondendo à mesma ideologia jusnaturalista de adesão à ordem jurídica vigente, dela difere nas premissas norteadoras, pois se trata, contrariamente à aceitação jusnaturalista "aberta e material", de uma aceitação jusnaturalista encoberta, "dogmática e formal".

É que a forte adesão à ordem jurídica surgida do liberalismo e da codificação se deveu:

> "(...) à concordância dessa ordem com o sistema ideal que o racionalismo tinha defendido. Deste modo, a aceitação pelo racionalismo e exegese das normas positivas não era dogmática, já que se baseava em uma prévia confrontação com critérios valorizadores aceitos de antemão. Era uma aceitação racional porque se fundamentava no fato de que o direito positivo cumpria, pelo menos em seus grandes lineamentos, com os postulados do liberalismo burguês e com as pautas técnicas recomendadas pela ideologia vigente. Mas o legado permanente do racionalismo e da exegese não constituiu, principalmente, em seus critérios valorizadores, mas na atitude de adesão ao direito positivo. De tal modo que nessa atitude se separou de suas motivações para passar a depender, quase que exclusivamente, do simples fato de estar frente a uma ordem positiva. Assim foi constituindo a ideologia descrita por Bobbio e Ross (...)." (Santiago Nino, 1974, p. 31-2)

Ao concretizar o sistema jurídico idealizado pelo jusnaturalismo, o movimento de codificação modifica substancialmente a atitude dos juristas para com o Direito Positivo que, de rejeição à ordem jurídica medieval, passa a uma atitude de adesão material à nova ordem jurídica liberal (jusnaturalismo aberto) para se converter numa adesão dogmática e formal (jusnaturalismo encoberto) que mantendo-se constante deste então constitui uma das características distintivas da atividade dogmática. (Santiago Nino, 1974, p. 22-28 *passim* e 85)

Em segundo lugar, a aceitação dogmática e formal consiste em avaliar o que outro - o legislador - prescreveu. Trata-se de uma "prescrição enfática": uma recomendação, implícita ou encoberta, para que os juízes apliquem o Direito Positivo tal como se acha sancionado pelo legislador, acompanhada de uma recomendação, todavia mais difusa, para que os cidadãos obedeçam à lei. Assim, " na atividade dogmática está implícita uma adesão formal ao sistema legislado que se expressa mediante a recomendação de que o Direito seja aplicado e obedecido tal como é." (Santiago Nino, 1974, p. 30-1)

Neste sentido é importante sobretudo "destacar o papel do dogmático como guia da atividade judicial", pois sua função central não é descrever e predizer as decisões judiciais, mas indicar aos órgãos jurisdicionais a solução para um caso genérico. (Santiago Nino, 1974, p. 31)[20]

[20] De fato, a análise da ideologia dogmática nestes termos remete diretamente, como veremos a seguir, para a caracterização de sua atividade como "prescritiva".

4.2.4. O significado do dogmatismo na Ciência Jurídica

Dogmatismo quer dizer, pois, uma atitude de acatamento e submetimento do jurista ao estabelecido como Direito Positivo que, independentemente do seu conteúdo material (mutável), desempenha sempre a função de dogma, já que "Dogmática é a formulação e não o conteúdo do formulado."(Hernandez Gil, 1988b, p. 89-90)

O dogmatismo da Ciência Jurídica figura, portanto, como um ponto de partida; como uma atitude invariável de acatamento acrítico a um Direito que temporal e espacialmente varia. E precisamente a esta dogmatização do material normativo, na medida em que é subtraído à crítica, Luhmann (1983, p. 27) caracterizou por princípio da "proibição da negação" ou da "inegabilidade dos pontos de partida das cadeias argumentativas".

Neste sentido, a maturação do paradigma dogmático é condicionada não apenas pela generalização dos fenômenos da estatalização e normativização (realizada pela codificação) do Direito, mas também por um fenômeno mais complexo de "positivação"[21], que

[21] É Luhmann (1980, p.119) quem salienta a importância do fenômeno da "positivação" do Direito para a delimitação do horizonte dentro do qual se moverá a Dogmática Jurídica. Por positivação ele designa o fenômeno segundo o qual "todos os valores sociais, normas e expectativas de comportamento têm de ser filtrados através de processos de decisão, antes de poderem conseguir validade legal."

A principal característica do Direito positivado é que ele se liberta de parâmetros imutáveis ou longamente duradouros, de premissas materialmente invariáveis e, por assim dizer, institucionaliza a mudança e a adaptação mediante procedimentos complexos e altamente móveis. "O Direito positivo passa a ser assim as normas jurídicas que entraram em vigor por decisão e somente por decisão podem

traduz tanto a libertação que sofre o Direito de parâmetros imutáveis - revelando o homem como responsável pela sua imposição - quanto o condicionamento de processos decisórios específicos a que fica doravante submetida sua mutabilidade.

Neste marco esvazia-se, obviamente, a competência que a Dogmática outrora detinha na própria formulação normativa, passando a limitar-se à preparação de decisões (judiciais e legislativas).

Assim, aquilo que há na Dogmática de respeito e submetimento ao Direito estabelecido reflete de certo modo a liberação dos juristas da incumbência desta formulação normativa. (Hernandez Gil, 1988b, p. 92-3)

---

ser revogadas".
Positivação e decisão (em sentido lato, tanto legislativa quanto judicial) são, pois, signos co-implicados que possibilitam a tomada de decisões vinculantes sobre as questões jurídicas, assinalando com esta possibilidade um processo de organização e diferenciação do sistema jurídico como subsistema do sistema social (Luhmann, 1983:31)
Trata-se, portanto, de um fenômeno típico das sociedades complexas (incompatíveis com um Direito de parâmetros imutáveis) em que os assuntos jurídicos passam a ser tratados por um sistema jurídico diferenciado e são submetidos à decisão em caso de conflitos.

5. O sentido da Dogmática Jurídica como "ciência prática"

5.1. DA IDENTIDADE IDEOLÓGICA À IDENTIDADE FUNCIONAL

A análise da ideologia dogmática e do dogmatismo conduz-nos então a retomar e aprofundar o significado da Dogmática Jurídica como Ciência prática para além de Jhering e seus momentos fundacionais.

Retomando precisamente o filão jheringueano depois do qual "todos os juristas sublinham unanimemente que a Dogmática não serve a si mesma mas à vida (isto é, à aplicação do Direito)" Luhmann (1983, p. 27) se detém na análise da identidade funcional da Dogmática Jurídica no marco do fenômeno da "positivação" do Direito[22].

Neste sentido põe de manifesto, em primeiro lugar, que o desenvolvimento da Dogmática Jurídica, se encontrando associado à própria diferenciação do sistema jurídico como subsistema social[23], vincu-

---

[22] Trata-se de explicitar aqui a função oficial perseguida pela Dogmática Jurídica e a identidade funcional que assume em decorrência dela, independentemente de como se resolve esta questão.

[23] Cuja diferenciação, como aludimos na nota 13, Luhmann já vê manifesta no contributo de Jhering.

la-se a um "processo de abstração de dois graus", já que "na mesma medida em que diferencia um sistema jurídico, a sociedade forma, junto às normas jurídicas, conceitos e regras de disposição para seu tratamento." (Luhmann, 1980, p.20)

E ao relacionar normas jurídicas abstratas, de vigência geral (programas legais de decisão) e decisões judiciais de casos concretos e particulares o sistema jurídico

> "(...) cria a necessidade das dogmáticas jurídicas, à margem de como se satisfaça depois. Se esta concepção básica está certa, a função da dogmática haveria de buscar-se na limitação da arbitrariedade de variações que se fazem possíveis se uma relação se apresenta como variável por ambos os lados, isto é, se não apenas os casos se hão de orientar às normas, mas também as aplicações das normas se hão de orientar aos casos. Mediante a dogmatização do material jurídico - o que diante de tudo quer dizer por sua elaboração conceitual e classificadora - se consegue que aquele ir e vir da olhada entre normas e fatos, tantas vezes descrito, não fique sem processar, que não apenas se sinta sujeito à situação a decidir, mas também ao sistema jurídico, que não se aparte o ordenamento jurídico." (Luhmann, 1980, p.32-3)

Relacionando-se portanto com um processo jurídico de decisão, a diferenciação de competências e a decidibilidade de conflitos aparece para a Dogmática Jurídica como uma questão central. (Luhmann, 1980, p. 35)

Precisamente configurando-se como um saber conceitual, vinculado ao Direito posto, é que ela pode instrumentalizar-se a serviço da ação (decidibilidade), estando interpelada a cumprir uma função central neste processo, qual seja, o de assegurar um nível de comunicação mínimo entre as decisões da instância judicial e a programação da instância legislativa, provendo o instrumental conceitual adequado e necessário para converter as decisões programáticas do legislador nas decisões programadas do juiz. (Luhmann, 1980, p.32-3, e Baratta, 1982, p.45)

Partindo assim da interpretação das normas jurídicas produzidas pelo legislador (material normativo) e recolhendo-as individualmente na construção sistemática do Direito, a Dogmática Jurídica conserva e desenvolve um sistema de conceitos que, resultando congruente com as normas, teria a função de garantir a maior uniformização e previsibilidade (certeza) possível das decisões judiciais e, conseqüentemente, uma aplicação igualitária (decisões iguais para casos iguais) do Direito que, subtraída à arbitrariedade, garante essencialmente a segurança jurídica.

Trata-se de programar, orientar, pautar ou preparar as decisões judiciais e, nesta mesma orientação, racionalizá-las para a gestação da segurança jurídica; o que significa não apenas possibilitar as condições para a decibilidade, mas para decisões judiciais calculáveis , eqüitativas e seguras.

E na medida em que a Dogmática Jurídica insere-se como uma instância comunicacional, cientificamente respaldada, entre as normas penais em abstrato (programação legal) e a sua aplicação (decisões judiciais) deve-se atribuir a ela uma "função imanente ao sistema jurídico" , uma vez que ocupa uma posição funcional "dentro" ou no seu "interior". Trata-se de uma Ciência "do" sistema que medeia o tráfego jurídico (Luhmann, 1980, p. 20), operando como "o código predominante da comunicação normativa." (Warat, 1982b, p. 48)

No marco desta função comunicacional programadora (orientadora, pautadora ou preparadora) das decisões judiciais com vistas ao seu controle racional[24], a Dogmática exerce a tarefa de (re)conhecimento e delimitação das possibilidades do próprio Direito Positivo.

Trata-se de estabelecer:

> "(...) as condições do juridicamente possível, em concreto as possibilidades da construção jurídica de casos jurídicos. (...) Assim, a Dogmática jurídica constitui o ponto mais elevado e mais abstrato das possíveis determinações de sentido do direito dentro do próprio sistema jurídico." (Luhmann, 1980, p. 34)

Ela desenvolve, portanto, a tarefa de um "serviço para o reconhecimento da juridicidade" o qual, se pode conformar, relativamente, o conteúdo das decisões, dirige-se sobretudo à delimitação das fronteiras das decisões possíveis (Luhmann, 1980, p. 52). Pois, ela prepara a decisão judicial ao proporcionar, antes que o seu conteúdo, a estruturação completa do problema social regido pelo programa de decisão do legislador. (Baratta, 1983, p. 53)

Marcada por uma concepção de Direito ligada à atividade jurisdicional, ela compõe, circunscreve, delineia procedimentos que conduzem à tomada de decisão. (Faria, 1984, p. 187)

Pode-se dizer neste sentido que ela assume em relação ao Direito (programação legal) não apenas a

[24] Que se apóia, portanto, exclusivamente em elementos internos ao sistema, excluindo a consideração funcional das conseqüências das decisões jurídicas na vida social. (Baratta, 1983, p. 51)

condição de uma metalinguagem[25], mas de uma metaprogramação (ou programação de 2º grau) tida por científica para a sua racionalização decisória (decisões judiciais).

Mas se a função racionalizadora e estabilizadora da Dogmática Jurídica depende, nesta perspectiva, do princípio da "proibição da negação" ou da "inegabilidade dos pontos de partida das cadeias argumentativas", este princípio não implica o "encadeamento do espírito". Mas, ao contrário , o "aumento das liberdades no trato com experiências e textos", pois, na diferença entre material normativo e interpretação conceitualmente regulada, a Dogmática se defronta com inseguranças que só aparentemente são superadas pela vinculação. Na verdade, as análises dogmáticas permitem não somente reduzir a indeterminação das normas jurídicas - como estão convencidos os juristas dogmáticos - mas também aumentá-las. Elas permitem a "reprodução das dúvidas", em concreto quando a Dogmática generaliza e problematiza normas para a inclusão de outras possibilidades de decisão. (Luhmann, 1983, p. 27, 29 e 30)

Ou, como acentua Viehweg (1991, p. 101-2), o pensamento dogmático exige:

[25] Por "metalinguagem" designa-se a linguagem (L2) em que se fala de outra, que configura seu objeto lingüístico, a "linguagem-objeto" (L1) . A respeito ver Warat, Rocha e Cittadino, 1984, p.48 *et seq*.
Considerando que o Direito positivo, objeto da Dogmática Jurídica, se exterioriza mediante uma linguagem (objeto), ela assume em relação a ele a condição de metalinguagem, estando num nível lingüístico de segundo grau. E considerando que o Direito positivo "prescreve" uma programação legal a cumprir a Dogmática Jurídica, assume em relação a ele, nos termos aqui indicados, a condição de metaprogramação ou programação de segundo grau, situando-se num plano mais alto de abstração.

"(...) por uma parte, um núcleo conceitual estável, indiscutível (dogma ou dogmas fundamentais) e, por outra, uma suficiente flexibilidade de pensamento (interpretabilidade, declinabilidade e discutibilidade) do núcleo conceitual a fim de poder mantê-lo nas distintas e mutáveis situações."

Assim, se a dogmática necessita dogmatizar o "dado" normativo ("princípio da inquestionabilidade dos pontos de partida") enquanto objeto científico e fundamentar sua racionalidade (axioma do "legislador racional") enquanto fonte única do Direito, um tal dogmatismo não implica, como já afirmamos, nem uma adesão ao conteúdo (mutável) das normas jurídicas nem, acrescentamos agora, o congelamento do seu sentido lingüístico.

No marco desta função, a dogmática necessita "neutralizar os conflitos", isto é, abstraí-los da problemática real e global (social, econômica, política) na qual se inserem e torná-los conflitos abstratos, interpretáveis, definíveis e decidíveis "juridicamente". Problemática que ela certamente não ignora, mas que, conceitualmente, é apenas pressuposta na sua argumentação, já que suas premissas e conceitos básicos têm que ser tomados, precisamente, de modo não-problemático. Neste proceder, ao mesmo tempo em todos os conflitos se apresentam como decidíveis, não se revelam em toda a sua extensão, mas na extensão necessária à sua decidibilidade. (Ferraz Júnior, 1988b, p. 86)

Esta neutralização - que corresponde a uma descontextualização do Direito operada pela dogmática - implica, de fato, um "corte" em relação à realidade e daí sua abstração cognoscitiva, pois,

"(...) as Dogmáticas, preocupadas com a decidibilidade de conflitos, não cuidam de ser logicamente rigorosas no uso dos seus conceitos e definições, pois para elas o importante não é a relação com os fenômenos da realidade (descrever os fenômenos) mas sim fazer um corte na realidade, isolando os problemas que são relevantes para a tomada de decisão e desviando a atenção dos demais."(Ferraz Júnior, 1988b, p. 87)

E porque as teorias dogmáticas têm sua validade dependente de sua relevância prática, elas não constituem um sistema de proposições "descritivas" ou explicativas, mas antes um corpo de fórmulas ou complexos argumentativos e persuasivas, dirigidos a influir o comportamento dos destinatários. Neste sentido, os enunciados das teorias dogmáticas têm, por assim dizer, natureza *criptonormativa* e elas se tornam, na prática, aquilo que de fato são chamadas em seu conjunto, isto é, "doutrina": elas dizem e ensinam como deve ser feito o Direito. Dogmática é, neste sentido, um corpo de doutrinas, que têm a função básica de um *docere* (ensinar). (Ferraz Júnior, 1988a, p. 44 e 108, e 1988b, p.85)

Nesta perspectiva,

"(...) a Dogmática não tem como função mais específica o conhecimento de um objeto dado; a Dogmática não descreve o Direito Positivo e sim prescreve que há de ser considerado como Direito. A Dogmática não se limita a repetir e sistematizar as leis vigentes, e sim que tem como meta mais elevada a formulação de regras jurídicas não contidas nas leis. (...) [que] são proposições prescritivas, normativas, que pretendem orientar as decisões judiciais. Daí que a Dogmática desenvolva uma função criativo-normativa, sequer seja dentro do marco que permite a letra da lei, que eleva o dogmático em um auxiliar continuador do legislador." (Mir Puig, 1982, p. 16-7)

Assim, se a condição de Ciência prática não é nova na história do saber jurídico ela adquire, referida ao paradigma dogmático, específicos contornos funcionais.

5.2. UMA PROMESSA FUNCIONAL NO INTERIOR DA PROMESSA EPISTEMOLÓGICA: Ressignificando a auto-imagem da Dogmática Jurídica

Tematizada em termos das promessas feitas na modernidade, podemos assinalar que na promessa epistemológica da Dogmática Jurídica de converter-se "na" Ciência do Direito, está contida uma promessa funcional de racionalização da práxis do Direito que, condicionando essencialmente a identidade do seu paradigma, evidencia a importância do "papel exercido no mundo moderno pelos princípios da certeza e da segurança jurídica". (Faria, 1984, p.137)

Chegado a este ponto é possível ressignificar a auto-imagem da Dogmática Jurídica como Ciência "descritiva" e "avalorativa".

Se a análise da ideologia básica da Dogmática Jurídica evidencia que se trata de uma Ciência comprometida com o cumprimento e a obediência do Direito vigente, implicitamente valorado como Direito justo ou o melhor Direito, independentemente do seu conteúdo; a análise funcional evidencia, na esteira desta ideologia mesma, que a Dogmática Jurídica não se limita a uma atividade de conhecimento descritiva, mas realiza uma atividade prescritiva que tem por destinatário central o Poder Judiciário e, indiretamente, os cidadãos.

A atividade dogmática reaparece assim funcionalmente como atividade "prescritiva enfática" (Santiago Nino), "criptonormativa" (Ferraz Júnior), "criativo-normativa" (Mir Puig), ou "preparadora" de decisões. (Luhmann)[26]

Parece-nos então evidenciado que, contrariamente à auto-imagem da Dogmática Jurídica, não se trata ela de uma Ciência descritiva, nem ideologicamente neutra , mas que a neutralidade ideológica é, de fato, um efeito do *approach* científico juspositivista que lhe permitirá situar-se como instância orientadora das decisões do Judiciário mas, simultaneamente, como uma Ciência "neutra" e distanciada dos conflitos reais. E na relação funcional que a Dogmática Jurídica guarda com o Judiciário, na mesma medida em que sua neutralização decorre das exigências de neutralização deste Poder, exerce sobre seu processo decisório uma ação de retorno fundamental.

---

[26] Obviamente que o reconhecimento da natureza "prescritiva" dos enunciados dogmáticos, na medida em que, pretendendo orientar decisões, a situação neles capturada é expressiva de um "dever-ser", não implica confundi-los com as normas jurídicas ou com o "deverser" nelas expressado, pois, além de se situarem num nível lingüístico de segundo grau (metaprogramação), não constituem "mandamentos" ou "comandos imperativos", oponíveis *erga omnes* (Kelsen, 1976, p.11) pois, embora diretivos, não são ordenadores, isto é, não vinculam, obrigatoriamente, os seus destinatários.

6. O Estado moderno como matriz política do paradigma dogmático de Ciência Jurídica

Nesta perspectiva podemos constatar que se em seus momentos fundacionais, no marco da Escola histórica, o paradigma dogmático não se encontra geneticamente vinculado ao conceito de Estado, mas à outra matriz política (como o "Povo") nem ao conceito estrito de Direito Positivo estatal, mas a outra matriz jurídica (como o Direito Romano), ao longo de sua configuração é o conceito de Estado moderno e o correlato conceito de Direito Positivo estatal que passam a ocupar o lugar, respectivamente, daquelas matrizes, condicionando sua formulação acabada.

E porque o Estado moderno se caracteriza politicamente por deter (ou pela pretensão de deter) o monopólio da violência física e, por extensão, o monopólio da criação e aplicação ("estatalização") do Direito, mediante processos decisórios ("positivação"), sendo o Direito Positivo estatal a forma oficialmente reconhecida de existência do Direito na modernidade; porque a diferenciação mesma entre criação e aplicação do Direito - que define a estrutura do moderno sistema jurídico - é condicionada pela diferenciação de competências entre Poder Legislativo e Judiciário (separação de poderes); porque o Poder Judiciário, tornado independente e autônomo, isto é, neutralizado na tarefa de "aplicação" do Direito torna-se a instituição de proteção de Direitos (interindividuais) e decisão de conflitos (interindividuais) centralizando a administração da justiça; porque a ênfase, enfim, sobre a certeza e a segurança jurídica passa a vincular-se à exigência de uma racionalidade geral e abstrata, decorrente de um Estado soberano; por estas características fundamentais o Estado moderno converte-se na matriz histórica de poder que condiciona a maturação do paradigma dogmático.

Em definitivo, portanto, o paradigma dogmático se configura através de um processo complexo e multifário ao longo do qual vai consolidando sua identidade estrutural que, nuclearmente, uma matriz epistemológica positivista (saber) e uma matriz política estatal (poder) concorrem para modelar.

Neste sentido, se a matriz epistemológica condiciona tanto o *approach* genético da Escola Histórica quanto o posterior e complementar *approach* juspositivista do paradigma dogmático, a matriz estatal, ao condicionar a própria especificidade do Direito e do sistema jurídico moderno condicionará, via tríplice raiz do juspositivismo em seu conjunto e para além dele, a maturação ideológica e funcional do paradigma dogmático que, produto desta convergência de fatores, pode ser visto como resultado da práxis jurídica moderna.

7. Da função racionalizadora declarada de *lege ferenda* à função pedagógica e racionalizadora de *lege lata*

É importante aduzir, finalmente, que se a vigência da Dogmática Jurídica se estende da comunidade científica à aplicação judicial do Direito, ela passa, fundamentalmente, pelo seu ensino, atingindo também a própria criação legislativa. O Poder Judiciário, as Escolas de Direito (especialmente a nível do ensino de graduação) e, subsidiariamente, o Poder Legislativo são, desta forma, as agências fundamentais que sustentam, no prolongamento da comunidade científica, a sua reprodução.

A Dogmática Jurídica tem cumprido desta forma uma função pedagógica fundamental, dando origem a gerações sucessivas de um tipo peculiar de jurista: o jurista dogmático. (Hernandez Gil, 1981, p. 23)

Com efeito, a partir do momento em que foi definida pela comunidade científica como uma Ciência instrumental para a prática do Direito erigindo o Poder Judiciário em seu *locus*, por excelência, de materialização, estavam também traçadas as bases de uma educação jurídica dogmática, pois era lógico que os potenciais operadores deveriam aprender a pensar e fazer o Direito na base desta Ciência paradigmática.

Neste sentido pode-se dizer que a "função prática" da Dogmática Jurídica condicionou e impôs sua função pedagógica: a potencialidade de se converter em fonte dominante também do ensino jurídico derivou de sua potencialidade para uma certa prática do Direito que deveria produzir certos operadores.

As Escolas de Direito se constituíram assim em instituições por excelência de reprodução do saber dogmático sendo o "lugar nobre da socialização jurídica e criando as condições para um tipo de alienação específica: a alienação do jurista." (Warat, 1982a)

Podemos referir, enfim, uma função político-jurídica da Dogmática, materializada junto ao Poder Legislativo, pois ela exerce também uma função orientadora das decisões políticas de criação legislativa (que podemos denominar função racionalizadora de *lege lata*) aspirando a converter a política jurídica em política científica. Comumente, os juristas dogmáticos encontram-se encarregados, por órgãos oficiais, de constituírem comissões para estudos sobre criação de leis ou reformas de códigos, fundamentados em construções dogmáticas.

Neste sentido,

> "É verdade que no direito moderno e contemporâneo, a legislação, e em especial os códigos, constituem um ponto de referência obrigatório para os códigos. Mas, primeiro, cabe destacar que os códigos podem ser vistos como obras em grande medida produto de grandes juristas (...). Ainda códigos conhecidos com o nome de um personagem histórico, como o Napoleão,

foram obras de juristas que se basearam nas obras da Ciência Jurídica da época. (Cf. Arnaud, 1969) Dito em outras palavras, a atividade científico-jurídica tem sido e pode ser muito importante para a preparação da legislação." (Perdomo, 1984, p.280)

Na função orientadora e racionalizadora de decisões que está chamada a desempenhar, ela atua assim duplamente junto a legisladores e juízes, preparando, respectivamente, as decisões de criação e aplicação de normas jurídicas. Em ambos os casos - orientação da política legislativa ou das decisões judiciais - sua competência não consiste em "tomar" decisões, mas em prepará-las. (Baratta, 1980, p.33-38)

As funções pedagógica e político-jurídica não estão inscritas, contudo, como suas promessas, como a função racionalizadora de *lege ferenda* o está, ocupando um lugar central e tipificador do próprio paradigma.

8. Problematização da Dogmática Jurídica

Paralelamente à sua secular vigência, o paradigma dogmático gerou resistências e problematizações que, praticamente desde sua gênese[27] até nossos dias, têm tido lugar a partir de diferentes perspectivas e instrumentais analíticos não constituindo um quadro crítico monolítico. Sem a pretensão de sumariar aqui este quadro amplo e rico em sua heterogeneidade, acreditamos que é possível identificar, em seu âmbito, três grandes eixos de argumentos recorrentes que, sem prejuízo de outros, dominam o universo da crítica histórica à Dogmática Jurídica: a) o argumento de sua falta de cientificidade; b) o argumento de seu excessivo formalismo pela ruptura ou divórcio com a realidade social; e c) o argumento de seu conservadorismo ou de sua instrumentalização política conservadora do *status quo*.

Enquanto o primeiro argumento interpela a problematização de sua identidade epistemológica, o segundo interpela a problematização de sua identidade metodológica, e o terceiro, a de sua identidade funcional. Tendo desenvolvido todos estes

[27] Das quais são expressivas a "Jurisprudência dos Interesses" e a tradição antiformalista dos finais do século XIX e princípios do século XX (Direito vivo de E. Erlich, Escola do Direito livre).

argumentos em outro lugar (Andrade, 1994), é o primeiro que nos interessa aqui focalizar, eis que nos conduz ao próprio desfecho deste estudo.

8.1. O ESTATUTO TEÓRICO DA DOGMÁTICA JURÍDICA E O PROBLEMA DE SUA IDENTIDADE EPISTEMOLÓGICA: Perfil de uma metadogmática de controle epistemológico da Dogmática Jurídica

Com efeito, paralelamente à identificação paradigmática da Dogmática Jurídica com a Ciência do Direito, desenvolveu-se a crítica de sua falta de cientificidade de modo que o signo "Dogmática" é empregado não apenas para aludir ao caráter científico da atividade dos juristas, mas também para eludi-lo, isto é, negá-lo. (Pozo, 1988, p.13)

Assim a indagação se a Dogmática é ou não uma Ciência e de que Ciência se trata, que acompanha praticamente a sua gênese, permanece ainda hoje como objeto de uma discussão não pacificada que pertence, na linguagem de Bobbio (1980, p. 174), ao domínio de uma "Metajurisprudência" ou, como preferimos nós, de uma "Metadogmática".

Este debate possui um importante valor histórico e teórico, contribuindo decisivamente em seu conjunto para uma melhor compreensão dos dilemas, limites e possibilidades do estatuto teórico da Dogmática Jurídica.

Ao asseverar, precisamente, a legitimidade deste debate, Santiago Nino (1974, p.15) lembra que, dada a vagueza do signo "Ciência", o interrogante acima mencionado inadmite uma resposta unívoca.

Pois:

"(...) se se abandona o dogma da 'essência' ou 'natureza' das ciências que há que apreender, o angustioso problema sobre se a Dogmática é ou não uma Ciência se reduz a uma mera questão de palavras que, de acordo com os usos, não pode resolver-se univocamente dada a vagueza do termo 'Ciência". Poder-se-ia dar todas as definições estipulativas que se queira, tanto para incluir como excluir a Dogmática do âmbito das Ciências."

Se a vagueza do signo Ciência é, todavia, um problema bem identificado, um tal relativismo epistemológico, conseqüentemente possível em tese, não parece ter lugar já que:

"Observando-se a constituição histórica da epistemologia tradicional, verifica-se que ela se encontra norteada por uma obsessão demarcatória (...). Certamente, ao levantar a questão da cientificidade da Ciência, os epistemólogos tentaram respondê-la instaurando critérios inflexíveis de demarcação entre o que deve ser considerado ou não Ciência." (Warat, 1982a, p. 98)

Com efeito, a trajetória de uma Metadogmática tem sido relacional no universo epistemológico; ou seja, ela tem se caracterizado não pelo empenho em identificar e descrever as condições de cientificidade da Ciência Jurídica como um saber específico ou quaisquer critérios de cientificidade aleatoriamente eleito mas por conceber "sua própria função como estudo, proposta e aplicação à obra do jurista de modelos de outras disciplinas". (Bobbio, 1980, p. 204-5)

Neste sentido tem representado uma secular confrontação da Dogmática Jurídica com as matrizes científicas disponíveis, assumindo contornos de uma Metadogmática tanto descritiva quanto prescritiva conforme se trate, respectivamente, de descrever e identificar o seu estatuto, qualificando-o ou desqualificando-o como científico ou de prescrever o modelo que a Dogmática deveria seguir para adquiri-lo,isto é, para se converter em autêntica Ciência[28]. Representa assim um confronto continuado e ainda aberto onde se entrecruzam diversificadas posturas de desqualificação científica da Dogmática Jurídica que tem interpelado por sua vez os juristas[29] a um permanente esforço de sua (re)qualificação científica.

Deste ângulo, como observa Bobbio (1980, p. 205):

> "A história da reflexão crítica sobre a jurisprudência é a história dos modelos que em cada ocasião têm sido concebidos pelos próprios juristas para aumentar em dignidade e autoridade sua obra ou para torná-la mais rigorosa e assim elevá-la à dignidade da Ciência (...)."

Ilustremos, pois, ainda que sumariamente, argumentos e posturas de desqualificação ou requalificação científica da Dogmática Jurídica com suporte

[28] A "Teoria Pura do Direito" de Kelsen (1976) pode ser considerada um marco clássico de uma Metajurisprudência prescritiva na medida em que representa uma das tentativas mais acabadas do século XX de construir um modelo de Ciência do Direito em sentido estrito segundo os pressupostos de universalidade, verdade, objetividade e neutralidade científicas em superação à por Kelsen denominada "Ciência Jurídica tradicional".

[29] Considerando que os juristas que compartilham o paradigma dogmático na sua maciça maioria consideram sua atividade como científica, suspendendo seu questionamento crítico, inclusive o epistemológico, tal esforço insere-se sobretudo no âmbito da Filosofia, da Teoria e Epistemologia jurídicas.

em distintas matrizes de Ciência (racionalista, positivista, neopositiva, neokantiana e social) e de sua tipificação como técnica ou tecnologia, situando, em suas grandes linhas, o perfil do que podemos então denominar uma Metadogmática de controle epistemológico da Dogmática Jurídica.

A conferência pronunciada em Berlim, em 1847, pelo fiscal prussiano J. V. Kirchmann (1986) sob o sugestivo título "A jurisprudência não é Ciência" ou "Falta de valor da jurisprudência como Ciência" se notabilizou como um marco clássico exemplar da desqualificação científica da Dogmática Jurídica, permanecendo ainda hoje como "um espinho no coração da Ciência jurídica." (Bobbio, 1980, p.180)

Por detrás do vigor com que Kirchmann tornava pública sua insatisfação com o objeto, o método e a falta de progresso dos resultados da Dogmática Jurídica residia precisamente, como observa Bobbio (1980, p.180) uma confrontação deste paradigma com uma determinada concepção racionalista de Ciência, pois em realidade

> "(...) Kirchmann tem ante os olhos uma determinada concepção da Ciência, que é a tradicional e convencional de uma Ciência que descobre com indefectível êxito as eternas e imutáveis verdades encerradas na natureza. Se compreende que ao medir com tal metro a jurisprudência, esta não podia deixar de aparecer mais do que como algo miserável e depreciável."

Desta forma, alguns dos argumentos centrais endereçados por Kirchmann a desqualificar a Dogmática como Ciência, como a contingência do objeto (o Direito Positivo), expressavam precisamente o resultado desta confrontação com uma concepção que postulava como critérios de cientificidade, entre outros, a imutabilidade do objeto: um Direito Natural racional.

É célebre neste sentido sua afirmação de que:

> "Enquanto a Ciência faz do contingente seu objeto, ela mesma se faz contingências: três palavras retificadora do legislador convertem bibliotecas inteiras em lixo." (Kirchmann, 1983, p. 29)

Mas é sob o império do cientificismo contra o racionalismo, contudo, que o problema da cientificidade da Dogmática assume sua dimensão mais dilemática. Por um lado, como procuramos demonstrar ao longo deste capítulo, é a matriz positivista de Ciência que, passando a exercer uma autêntica ditadura epistemológica no século XIX - demarcando os critérios admissíveis de cientificidade e procurando submeter todas as disciplinas aos seus cânones - condiciona, imediatamente, a configuração da Dogmática Jurídica.

Mas, por este mesmo império, foi a matriz que mais balizou a desqualificação científica da Dogmática Jurídica, acusada então como uma, senão a mais expressiva das ovelhas negras do rebanho conformado sob a ditadura positivista, problematizando-se a sua inadequação a esta antes que a legitimidade da própria concepção positivista que aparecia, sob esta desqualificação, não apenas inquestionada, mas implicitamente valorada como o único modelo legítimo de Ciência.

Com efeito, se a concepção positivista de Ciência só admitia como científicas, como vimos, àquelas atividades que - excetuadas a Lógica e a Matemática - se valiam dos métodos das Ciências da natureza e, portanto, da pesquisa causal baseada na observação, recolhimento e experimentação dos fatos e comprometida com o conhecimento objetivo de seu objeto factual a Dogmática Jurídica era acusada de ser incompatível com estes pressupostos epistemológicos.

Confrontada com esta concepção, os argumentos desqualificadores da cientificidade da Dogmática Jurídica centram-se, sem prejuízo de outros, em duas grandes objeções:

a) objeto não-factual e ausência de controle empírico ou lógico. A Dogmática Jurídica não tem por objeto "fatos", e os seus enunciados (conhecimento) não são controláveis empiricamente como o são os enunciados das Ciências que se ocupam de fatos, como a Física e a Química. Tampouco são controláveis logicamente, como o são os da Lógica e das Matemáticas, que tem por objeto quantidades abstratas e como meio de controle as leis de inferência (implicação, não contradição). Conseqüentemente, também não são enunciados refutáveis.

b) O compromisso central da Dogmática Jurídica não é com a produção de conhecimento de seu objeto (teorético ou cognoscitivo)[30], mas um compromisso prático. Enquanto a Ciência não se propõe, de modo imediato, um fim prático e o seu compromisso intrínseco é com o incremento incessante do conhecimento (objetivo e desinteressado) de seu objeto e a validade Ciência independe, portanto, de sua transformação numa técnica utilizável; a Dogmática encontra-se intrínseca e imediatamente empenhada numa função prática. Seus enunciados,

[30] Em defesa do contributo cognoscitivo da Dogmática Jurídica ver Larenz (1983, p.284)

conseqüentemente, não são descritivos, como os enunciados tipicamente científicos, mas prescritivos.

A evidência de que, na Dogmática Jurídica, o "prático" domina o teórico , isto é, condiciona e submete aos seus desígnios a "produção" de conhecimento sobre o seu objeto, indicaria, mais que sua debilidade epistemológica, uma ambigüidade nela não resolvida, na trajetória da modernidade, entre Ciência e Técnica ou Tecnologia.

Tal desqualificação visibilizou para a Dogmática Jurídica o preciso dilema traduzido por Carrasquilla (1988, p. 77) de regozijar-se "em sua delimitação como Ciência no sentido positivista, sem poder sê-lo nem abandonar de todo semelhante pretensão."

O primeiro daqueles argumentos encontramos por exemplo em Bobbio que traduzindo a confrontação entre Dogmática Jurídica e concepção positivista de Ciência constata:

> "A jurisprudência realiza seu trabalho não sobre fatos experimentais, mas sobre proposições dadas e intocáveis (as normas jurídicas), que valem, observe-se, inclusive quando contraditadas pelos fatos. A doutrina filosófica oficial, proclamará, portanto - e será acreditada por todos - que a jurisprudência não é uma Ciência verdadeira como todas as demais (...)." (Bobbio, 1980, p. 179)

Indo além de Kirchmann, Bobbio sustenta então que a Dogmática Jurídica não se insere, em absoluto, na concepção racionalista e nem tampouco na concepção positivista de Ciência podendo se inserir, unicamente, na concepção neopositivista. E é com base nesta que procura então (re)qualificar o estatuto da Dogmática Jurídica como Ciência do rigor lingüístico[31].

Hernández Gil, embora reconheça que a Dogmática Jurídica não realiza inteiramente a concepção racionalista nem a positivista de Ciência em suas expressões paradigmática sustenta, contrariamente a Bobbio, uma postura relativista que situa a cientificidade da Dogmática Jurídica no meio do caminho entre ambas.

É que sendo marcada, sobretudo em seus momentos fundacionais, embora também depois, pela epistemologia positivista, pois, não obstante considerar o Direito como um produto da história, o trata como se fosse um objeto da natureza, nela sobrevivem, também, resquícios racionalistas (Hernández Gil, 1988a, p.46) de modo que:

> "(...) O racionalismo e o positivismo se apresentam no âmbito do saber jurídico menos diferenciados e contrapostos do que em suas enunciações gerais. Concorrem e se interferem. A chegada do positivismo não supôs a eliminação de todos os componentes racionalistas. À parte da reconhecida influência que exerceu a ideologia jusnaturalista na gênese do positivismo (os Códigos em que este haveria de alojar-se se escrevem ao ditado da razão), os universais éticos e metafísicos do direito natural foram postos em questão pelo historicismo antes que pelo positivismo, que melhor substituiu por certos universais lógicos, como os conceitos, as definições e as classificações, e inclusive por esse universal ontológico que é a natureza jurídica das instituições e dos próprios concei-

[31] A respeito, ver Bobbio (1980, p.173-200).

tos. Evidentemente, a Dogmática não recai sobre fatos, acontecimentos ou fenômenos da vida social. Contudo, trata o direito em sua expressão normativa com um *factum* no sentido de considerá-lo dado, exterior e contingente. O exigido pelo positivismo é que o conhecimento parta de um objeto identificado como existente e real, que seja observável e verificável, sem constituir uma idéia ou uma essência, e este modo de ser ou de se mostrar oferece o direito positivo considerado como conjunto de normas. As normas mesmas não são intrinsecamente fatos. Referem-se a eles, configurando-os como hipóteses ou supostos para os que formulam um dever de ser ordenador. Mas para os fins de seu conhecimento ocupam um lugar equivalente ao que ocupariam os fatos, desde que são dadas ou estabelecidas historicamente como fenômenos da realidade suscetíveis constatação empírica. Logo também as normas têm sua positividade e são, por isso, suscetíveis a um tratamento positivista, ainda que do ponto de vista do conteúdo difiram o positivismo dos fatos e o das normas." (Hernández Gil, 1988a, p. 83-4)[32]

[32] Neste sentido entende também Bettiol (p. 104-5) que o método da Dogmática Jurídica "...é, indubitavelmente, um método positivo, porque parte, exclusivamente, dos dados jurídico-positivos, da realidade do Direito vigente. Tudo o que supera ou é estranho à consideração desta realidade, não deve contar para o jurista.Não é possível afirmar que, sob um aspecto especulativo, exista uma diferença entre o jurista 'classificador' e o positivista à moda antiga, precisamente porque ambos partem dos resultados da experiência sensível (...). Também o Direito se transforma, dessa maneira, numa Ciência naturalística, a ordenar segundo os mesmos critérios de que se serve o naturalista."

Por outro lado, nos quadros do cientificismo, como é sabido, não apenas a Filosofia foi relegada para o campo da metafísica, mas também a Técnica foi relegada a uma condição epistemologicamente inferior à da Ciência.

As dificuldades de enquadramento da Dogmática Jurídica no âmbito dos modelos científicos disponíveis conduziu neste sentido a um aspecto mais recente no âmbito de uma Metadogmática: a distinção entre Ciência e Técnica do Direito segundo a qual:

> "(...) se tende a relegar ao campo da Técnica o verdadeiro estudo do jurista e a superpor-lhe uma Ciência verdadeira que se aproxima seja do Direito natural, da Sociologia, da Lógica pura ou da teoria fenomenológica." (Bobbio, 1980, p.180)

Por outro lado há posturas que, também levando em conta aquela distinção, não reduzem a Dogmática Jurídica à técnica (de aplicação do Direito) mas, admitindo que esta integra o objeto de sua reflexão teórica, tratam de precisar a relação Ciência-técnica no seu interior. Na Dogmática conviveriam, desta forma, uma dimensão científica de conhecimento com uma dimensão técnica.

Tal postura é ilustrada, por exemplo, por Hernández Gil, (1988a, p. 44-5)[33] ao assinalar que:

> "A dogmática é (ou pretende ser) uma ciência. A aplicação do direito (especialmente a judicial) é uma técnica consistente no desenvolvimento de uma atividade cognitiva e resolutiva dirigida à solução de conflitos. Mas a dogmáti-

[33] Ver também Hernández Gil, 1988b, p. 93-4

ca é uma teoria preocupada com a fundamentação e desenlace das soluções jurídicas. Tende a estabelecer as bases que tornam possível resolver de modo uniforme um número infinito de casos. Acho, portanto, que a técnica é objeto da reflexão teórica; mas a dogmática não fica circunscrita a método de aplicação do direito. (...) O que se quer dizer é que há um tratamento dogmático do direito que se dá também no seio da técnica enquanto saber específico e auto-suficiente do mesmo com vistas a sua aplicação."

Ferraz Júnior, por sua vez, confrontando o modelo da Dogmática Jurídica com a matriz positivista de Ciência - e desenvolvendo especialmente o argumento "b", acima referido - sustenta, na esteira das teorias de Luhmann e Viehweg, que o estatuto teórico típico da Dogmática Jurídica é o de uma "tecnologia"[34].

Enfim, pode-se referir, sem prejuízo de outros, esforços de requalificação científica da Dogmática Jurídica segundo uma matriz neokantiana de Ciência "cultural", a exemplo de Larenz (1983) e a qual teve sua maior projeção precisamente no campo da Dogmática Jurídico-Penal.

Neste sentido comenta Pozo (1988, p.38) sobre o intento de manter o estatuto científico da Dogmática Jurídica para além do reconhecimento de sua dimensão técnica ou tecnológica que:

"Os juristas, ao fazer depender tanto a importância de seus trabalhos do reconhecimento de seu caráter científico, chegam ao extremo de redefinir a Ciência para que possa abranger a

[34] Sobre esta argumentação, ver Ferraz Júnior (1980,1988a,1988b).

Dogmática. Assim, por exemplo, Larenz, estima que 'a Ciência do direito é, com efeito, uma Ciência (e não somente uma tecnologia, ainda que também isto) porque tem desenvolvido métodos que apontam para um conhecimento racionalmente comprovável'."

Quanto à confrontação entre Dogmática Jurídica e Ciência social podemos observar, no campo penal, a convivência entre posturas de qualificação científica da Dogmática Jurídica como Ciência social (Mir Puig, 1982) e posturas que, mais do que rejeitar esta aproximação (Zaffaroni, 1991), afirmam que o divórcio entre ambas assume hoje a proporção de um verdadeiro abismo. (Baratta, 1982 e 1991, p.160-161)

Um dilema sem saída?

Desta forma, enquanto neste final de século já se discutem as condições de possibilidade de uma Ciência pós-moderna (Sousa Santos, 1989), ainda paira o desacordo sobre a identidade epistemológica e o real estatuto teórico da(s) Dogmática(s) Jurídica(s).

Segundo o critério de confrontação epistemológica que tem presidido uma Metadogmática, aqui sumariamente ilustrado, mesmo idênticas matrizes tomadas como referente para o enquadramento epistemológico, técnico ou tecnológico da Dogmática Jurídica geram respostas diversificadas, sejam positivas, negativas ou relativas, dependendo da lupa do metadogmático.

Desconcertantemente, a Dogmática Jurídica pode: a) corresponder integralmente a algum estatuto de Ciência (seja neopositivista, neokantiana ou de Ciência social); ou b) não corresponder a nenhum dos disponíveis, podendo neste caso ser reconduzida a uma técnica ou tecnologia; ou c) corresponder apenas relativamente, caso em que apresentará um estatuto ambíguo entre duas matrizes de Ciência (como o racionalismo e o positivismo) ou ainda entre Ciência e técnica ou tecnologia.

Por uma peripécia epistemológica - ao se levar em conta o conjunto possível das análises Metadogmáticas descritivas - ela conseguiria ser, ao mesmo tempo, uma Ciência social, neopositivista ou neokantiana; não ser, em absoluto, uma Ciência, mas apenas uma técnica ou tecnologia; ou ser uma Ciência relativamente racionalista e positivista, ou ainda ser um misto de Ciência e técnica ou tecnologia. Assim, mesmo quando uma das posições sobre seu estatuto seja individualmente aceitável, consideradas em seu conjunto não podem sê-lo, razoavelmente.

No marco deste critério parece persistir, de fato, aquilo que Bobbio (1980, p. 175) denominou "a duplicação do saber jurídico": aberto em determinado período histórico um contraste - que parece irredutível - entre a concepção de Ciência e a prática do jurista, desenvolve-se, por um lado, uma Jurisprudência que não é Ciência e, por outro lado, uma Ciência que em si mesma não tem já nada que ver com a Jurisprudência e com a qual os juristas geralmente não sabem o que fazer.

O empenho dos juristas em sustentar a cientificidade da Dogmática Jurídica não parece ter suprido assim as dificuldades que experimenta desde sua gênese em reconhecer-se plenamente nas concepções oficiais da Ciência dominantes em cada momento histórico. Não tem impedido pois, que experimentem um autêntico "complexo de inferioridade" (Bobbio,1980, p.174) em relação aos demais científicos.

Mas o debate metadogmático potencializa, também, uma outra ordem de conclusões, a nosso ver mais importante e conseqüente. Se inexiste um acordo sobre o real estatuto da Dogmática Jurídica e o âmbito de uma Metadogmática caracteriza-se pela convivência contraditória entre atribuições de estatutos de diferente natureza, é porque ela, parece-nos então demonstrado, não corresponde inteira e essencialmente a não ser por um artificialismo, nem às matrizes científicas disponíveis nem a um estatuto técnico ou tecnológico diferenciado da Ciência. Se a Dogmática Jurídica pode ser tudo, é porque se caracteriza, contrastivamente, pela ausência de uma identidade epistemológica.

E se este critério comparativo tem buscado uma aproximação - e as identidades - da Dogmática Jurídica com as demais Ciências as diferenças enfim descobertas e que pesam, autorizam a afirmar que a Dogmática Jurídica se caracteriza por uma singular identidade que parece mais distingui-la, do que aproximá-la, dos demais modelos científicos.

Cremos que mais de um século de debate epistemológico é suficiente então para demonstrar que é quimera insistir na busca, quase obsessiva, da cientificidade da Dogmática Jurídica através deste critério, pois, em seu âmbito, não parece haver saída para o dilema acima apontado. A Dogmática será sempre ou uma Ciência artificialmente enquadrada dentro de outras matrizes científicas, ou uma Ciência de segundo grau (híbrida ou ambígua) ou uma técnica ou tecnologia.

No fundo, ao admitir este critério, isto é, ao demarcar a função de uma Metadogmática, "como estudo, proposta e aplicação à obra dos juristas de modelos de outras disciplinas", os metadogmáticos parecem exteriorizar *a priori* seu "complexo de inferioridade", pois, por detrás desta demarcação são as outras disciplinas - e não a sua - que aparecem, já, implicitamente consideradas como científicas. O próprio critério, pois é passível de problematização.

Com efeito, além da submissão àqueles critérios epistemológicos oficializados pela comunidade científica (em sentido amplo) por que razão uma Metadogmática tem que elegê-lo e a ele se limitar ? Se este critério fosse legítimo *per si*, legítimo também não seria a eleição inversa; ou seja, identificar os critérios de cientificidade da Ciência Jurídica e medir com este metro a cientificidade das demais Ciências? E para além desta opção extrema, a cientificidade da Dogmática Jurídica não pode ser aceita com base em outro critério? Com base em um outro enfoque epistemológico?

8.2. A DOGMÁTICA JURÍDICA COMO PARADIGMA CIENTÍFICO

A teoria dos paradigmas de Kuhn[35] parece oferecer uma resposta afirmativa à questão e uma via possível pela qual enfrentar o dilema e reencontrar para a Dogmática Jurídica um lugar epistemológico sem "complexos de inferioridade".

Kuhn sustenta que uma análise histórica demonstra que inexiste "a" Ciência como atividade unívoca para todas as épocas e sociedades, uma vez que o entendimento sobre o que é fazer Ciência é

[35] O que segue é uma explicação sintetizada do próprio conceito kuhneano de paradigma a que aludimos na nota de nº 1 . A respeito ver Kuhn (1975) e também Cupani (1985, p. 57-74).

sempre relativo a um consenso ou conjunto de compromissos teóricos básicos existentes na comunidade científica. É sempre definido pela existência de um "paradigma". E a existência de sucessivas modalidades diferentes de fazer Ciência determinadas pelos respectivos paradigmas significa que não há uma compreensão ou aplicação unívocas da maneira científica de proceder, o que relativiza a definição do que é científico.

Para Kuhn existe, pois, Ciência, na medida em que existe um modelo compartilhado que define o sentido da pesquisa, seu âmbito e instrumentos. E um pesquisador é um cientista na medida em que se compromete com aquele modelo. Desta forma, cada Ciência tem sua tradição específica de pesquisa na qual se forma o pesquisador que se dedica a cultivá-la. Um paradigma define, portanto, toda uma maneira de cultivar a Ciência. Além de regras, linguagem, valores, etc., o procedimento científico requer todo aquele estilo de pensamento e ação constituído pelo paradigma.

Contra a univocidade do signo Ciência depõe também, segundo ele, a existência de duas espécies de prática científica relacionadas com a existência de um paradigma: a "Ciência normal" e a "Ciência extraordinária", distinção que remete, por sua vez, à sua teoria das "revoluções científicas."

A primeira é precisamente a atividade regida por um paradigma bem consolidado, que não é discutido e é, em geral, irrefletidamente aceito. O cientista "normal" ocupa-se exclusivamente daquele tipo de problemas que o paradigma definiu como científicos, aborda-os com aqueles recursos metodológicos consagrados também pelo paradigma e espera resolvê-los de acordo com a solução-tipo por ele fornecida .

O cientista normal, por ele definido como "solucionador de quebra-cabeças", é uma personalidade predominantemente conservadora com relação ao paradigma que defende e que representa para ele a maneira natural de cultivar a Ciência.

Já a Ciência extraordinária consiste na atividade que se desenvolve quando um paradigma começa a dar sinais de crise, isto é, não consegue mais resolver os problemas conforme as regras vigentes e até que seja substituído por outro. Para cada problema solucionado vão surgindo outros, de complexidade crescente e a certa altura o efeito cumulativo deste processo entra num período de crise em que, não tendo mais condições de fornecer soluções, o paradigma vigente começa a revelar-se como fonte última dos problemas e das incongruências. As "revoluções científicas", mais freqüentes, segundo Kuhn, do que se imagina, são precisamente os processos de substituição de um paradigma por outro.

O cientista extraordinário é assim aquele que rompe com o paradigma tradicional ao perceber suas falhas ou anomalias e busca um novo instrumental para resolvê-las, chegando eventualmente a propor e até a impor um novo paradigma. O cientista extraordinário é tal precisamente por ter questionado o modelo científico tradicional.

Ele não lida com quebra-cabeças, mas com autênticos problemas, para os quais o paradigma vigente não oferece meios de solução e que exigem um novo paradigma de acordo com o qual seja possível tratá-las e resolvê-las.

Resgatando a historicidade e o relativismo do signo Ciência, a teoria kuhneana dos paradigmas caracteriza a cientificidade de uma disciplina não pelas suas opções, pressupostos epistemológicos ou produtos, mas pela sua forma "paradigmática" de exteriorização.

E muito embora Kuhn também tenha por referente o modelo das Ciências naturais, vimos na Dogmática Jurídica uma exemplar demonstração de um paradigma científico concordando com Faria (1988, p. 31) em que "a Dogmática jurídica certamente constitui o que há de mais paradigmático no âmbito do pensamento normativo moderno."

Pois, com efeito, mais do que definir objeto, método e função que caracterizam a identidade da Ciência Jurídica - isto é, seu âmbito, instrumentos e sentido - o paradigma dogmático define toda uma maneira de cultivá-la; todo um estilo de pensamento e ação que marca, com efeito, uma tradição específica de fazer Ciência e na qual se formam, sucessivamente, novos juristas.

E se o que caracteriza a(s) Ciência(s) para Kuhn é a sua forma paradigmática de materialização - independentemente e respeitadas suas diferentes opções e produtos - a Dogmática Jurídica pode ser concebida, precisamente, como um paradigma científico peculiar que definido e compartilhado pela comunidade jurídica configura, há mais de um século, o modelo "normal" e oficial de fazer Ciência na tradição ocidental-continental e naquela sob sua influência.

Deslocado o critério balizador de sua cientificidade liberada fica a caracterização da identidade do paradigma desde o seu próprio interior, isto é, sem aquela preocupação contrastiva pela sua (des)qualificação científica. E esta caracterização pode ser feita recorrendo-se à contribuição analítica do próprio debate metadogmático, liberado do critério contrastivo e recolocado no critério de tipificação paradigmática da Dogmática Jurídica.

Neste sentido entendemos, coerentemente com o que vimos sustentando, que a Dogmática Jurídica, embora não corresponda inteiramente à matriz positivista é marcada, inegavelmente, por alguns pressupostos dela que adquirem contudo, no seu interior, uma feição muito especial, sobretudo porque condicionados pela centralidade de sua dimensão prática e sua prometida função instrumental.

Assim, se na demarcação de seu objeto é norteada por um *approach* positivista (que se expressa nas formulações da Escola histórica e se reitera no juspositivismo), ao levar em conta não apenas a legislação (normatividade abstrata), mas simultaneamente a aplicação judicial do Direito, situando-se funcionalmente entre ambas, ela engloba uma dimensão técnica, para além das normas jurídicas, como objeto de sua reflexão teórica e engendra um método particular, marcado por elementos tanto racionalistas quanto positivistas.

Nesta perspectiva é necessário insistir, então, que embora produza um determinado conhecimento sobre seu objeto, a Dogmática Jurídica não é uma Ciência de conhecimento em sentido estrito mas, antes, uma Ciência prática e, como tal, marcada, sem dúvida, por uma dimensão técnica.

8.3. DO CONTROLE EPISTEMOLÓGICO AO CONTROLE EPISTEMOLÓGICO-FUNCIONAL DA DOGMÁTICA JURÍDICA.

Por outro lado, desqualificar a Dogmática como Ciência ao nível da crítica epistemológica, implica obscurecer um dado concreto de sua vigência, que julgamos de suma importância captar.

É que não obstante um secular questionamento acadêmico da sua promessa epistemológica, cremos que ela vige com o estatuto e os efeitos de uma Ciência, pois as crenças dogmáticas são postas em circulação e socialmente consumidas como científicas, em particular pelo ensino oficial e a práxis do Direito.

Desta forma, o recurso à teoria dos paradigmas de Kuhn não representa uma tentativa de salvar a cientificidade da Dogmática Jurídica. Mas, reconhecendo que a sua desqualificação epistemológica não encontra correspondente na sua vigência efetiva, representa um recurso para melhor compreender a força que sustenta, na modernidade, a identificação entre Ciência e Dogmática. A sustentá-la, está também, parece-nos, a força de um "paradigma".

De qualquer modo, na medida em que a Dogmática Jurídica é o modelo normal de fazer Ciência dos juristas e intrinsecamente empenhada numa função prática imediata, o problema que deve interpelar uma Metadogmática não é tanto e unicamente o controle epistemológico desta Ciência (cientificidade), abstratamente considerada, mas o seu controle epistemológico a partir do seu controle funcional.

Assim, para além do interrogante, se a Dogmática Jurídica é ou não uma Ciência e de que tipo se trata, parece-nos necessário fortalecer e responder ao interrogante se a Dogmática Jurídica, enquanto Ciência prática, tem cumprido sua função racionalizadora da práxis do Direito, em nome da qual pretende legitimar o seu (problemático) modelo científico.

A um excesso de questionamento da promessa epistemológica da Dogmática Jurídica corresponde um profundo déficit histórico de questionamento da sua promessa funcional. E compensar este déficit é hoje, a nosso ver, uma dos desafios mais urgentes que interpela uma Metadogmática que deve passar então de um controle epistemológico por assim dizer estrutural a um controle epistemológico-funcional do paradigma dogmático. A questão central a investigar como objeto deste controle é, pois, se a Dogmática fornece "segurança jurídica" e, em caso afirmativo "para que" ou "para quem"?[36]

---

[36] Desta problemática nos ocupamos especificamente em recente tese de doutoramento (Andrade, 1994)

Bibliografia

ANDRADE, Vera Regina Pereira de. *Dogmática e sistema penal: em busca da segurança jurídica prometida*. Florianópolis, 1994. Tese (Doutorado em Direito) - Curso de Pós-Graduação em Direito, Universidade Federal de Santa Catarina, 1994. 504p.

——. O estatuto teórico da Dogmática Jurídica: dilemas de um saber em busca de identidade epistemológica. *Direito em Debate*. n. 4.l, p.110-127, 1994.

BARATTA, Alessandro. Criminologia y dogmática penal: pasado y futuro del modelo integral de la ciencia penal. *In:* MIR PUIG, Santiago *et al. Política criminal y reforma del derecho penal*. Bogotá: Temis, 1982. p. 28-63.

——. *Las fuentes del derecho*. Barcelona: Universidad de Barcelona, 1983. Primeres Jornades Jurídiques de Lleida - 13 y 14 de mayo de 1983.

——. Criminologia crítica y crítica del Derecho penal: introducción a la Sociologia jurídico-penal. Tradução por Alvaro Bunster. México: Siglo veintiuno, l991.

BETTIOL, Giuseppe.*O problema penal*. Tradução por Fernando de Miranda. Coimbra: Coimbra editora.

BOBBIO, Norberto. *Contribuición a la teoria del derecho*. Valencia: Fernando Torres, 1980.

——. *El problema del positivismo jurídico*. Tradução por Ernesto Galzón Valdés. Buenos Aires: Eudeba, 1965.

CARRASQUILLA, Juan Fernández. Los derechos humanos como barrera de contención y criterio autoregulador del poder punitivo.*Nuevo Foro Penal*, Colombia, n.39, p. 58-88, jul./set. l988.

CUPANI, Alberto. *A crítica ao positivismo e o futuro da Filosofia*. Florianópolis: Ed. da UFSC, 1985.

DIAS, Jorge de Figueiredo, ANDRADE, Manuel da Costa. *Criminologia*: o homem delinqüente e a sociedade criminógena. Coimbra: Coimbra, 1984.

FARIA, José Eduardo.*Sociologia Jurídica*: crise do Direito e práxis política. Rio de Janeiro: Forense, 1984.

——. *Eficácia jurídica e violência simbólica.* O Direito como instrumento de transformação social. São Paulo: Edusp, 1988.

——. Dogmática Jurídica y conflito social (Apuntes para una crítica al idealismo en la Ciencia del Derecho) *Crítica Jurídica*,México, n.9, p.37-45, 1988.

FERRAZ JR., Tércio Sampaio. *A função social da dogmática.* São Paulo: Revista dos tribunais, 1980.

——. *A ciência do Direito.* São Paulo: Atlas, 1988a.

——. *Introdução ao estudo do direito: técnica, decisão, dominação.* São Paulo: Atlas, 1988b.

GIORGI, Raffaele de. *Scienza del Diritto e Legitimazione.* Critica dell'-epistemologia giuridica tedesca da Kelsen a Luhmann. Bari, De Donato, 1979.

HABERMAS, JÜRGEN. *Conhecimento e interesse.* Tradução por José Lino Grünnewald *et al.* São Paulo: Abril Cultural, 1983.

HART, Herbert. *O conceito de Direito.* Tradução por A. Ribeiro Mendes. Lisboa: Fundação Calouste Gülbenkian, 1986.

HERNÁNDEZ GIL, Antonio. *La ciencia jurídica tradicional y su transformación.* Madrid: Civitas, l98la.

——. *Problemas epistemológicos de la ciencia jurídica.* Madrid: Civitas, l98lb.

KELSEN, Hans. *Teoria pura do direito.* Tradução por João Baptista Machado. Coimbra: Armênio Amado-editor, 1976.

——. *Teoria geral das normas.* Tradução por José Florentino Duarte. Porto Alegre: Sérgio Fabris, 1986.

KIRCHMANN, J. H. Von. *La jurisprudencia no es ciencia.* Tradução por Antonio Truyol Serra. Madrid: Centro de Estudios Constitucionales, 1986.

KUHN, Thomas. *A estrutura das revoluções científicas.*Tradução por Beatriz Viana Boeira de Nelson Boeira. São Paulo: Perspectiva, 1975.

LARENZ, Karl. *Metodologia da ciência do direito.* Tradução por José Lamego. Lisboa: Fundação Calouste Gülbenkian, 1989.

LUHMANN, Niklas. *Legitimação pelo procedimento.* Tradução por Maria da Conceição Côrte-Real. Brasília: UnB, 1980.

——. *Sistema jurídico y dogmática jurídica.* Tradução por Ignacio de Otto Pardo. Madrid: Centro de Estudios Constitucionales, 1983.

MAYNEZ, Eduardo Garcia. Positivismo, realismo sociológico y iusnaturalismo. México: Unam, 1977.

MIR PUIG, Santiago. *Introducción a las bases del derecho penal.* Concepto y método. Barcelona:Bosch, 1976.

——. Sobre la posibilidad y límites de una ciencia social del derecho penal. *In:* MIR PUIG, Santiago (Org.) *Derecho penal y ciencias sociales.* Belaterra: Universidade Autónoma de Barcelona, 1982. p.9-31.

MONREAL, Eduardo Novoa. *Causalismo y finalismo en derecho penal.* Bogotá:Temis, 1982.

OLLERO, Andres. *Interpretacion del derecho y positivismo legalista.* Madrid, Editoriales de Derecho Reunidas, l982.

PERDOMO, Rogelio Pérez.Las transformaciones contemporaneas de la investigación jurídica en Venezuela. In: VESSURI, Hebe (Comp.). *Ciencia acadêmica en la Venezuela moderna.* Caracas: Fondo editorial Acta Científica, 1984.

POZO, José Hurtado. El principio de legalidad, la relación de causalidad y la culpabilidad: reflexiones sobre la dogmática penal. *Nuevo Foro Penal,* Colombia, n.39, p.ll-41,ene./mar.,l988.

PUCEIRO, Enrique Zuleta. *Paradigma dogmático y ciencia del derecho.*Madrid: Editoriales de Derecho Reunidas. 1981.

——. *Teoría del derecho*: una introducción crítica. Buenos Aires: Depalma, 1987.

RADBRUCH, Gustav. *Filosofia do direito.* Tradução por L. Cabral de Moncada. Coimbra: Armênio Amado, 1979.

ROCCO, Arturo. *El problema y el metodo de la ciencia del derecho penal.* Tradução por Rodrigo Naranjo Vallejo. Bogotá: Temis, 1982.

ROCHA, Leonel Severo. Crítica da "teoria crítica do direito". *Seqüência,* Florianópolis, n.6, p. 122-135, 1982.

ROSS, Alf. Sobre el derecho y la justicia. Tradução por Genaro R. Carrió. Buenos Aires: Eudeba, 1970.

SANTIAGO NINO, Carlos. Consideraciones sobre la dogmática jurídica. México: Unam, 1974.

SOUSA SANTOS, Boaventura.*Introdução a uma ciência pós-moderna,* Porto: Afrontamento, 1989.

——. O Estado e o direito na transição pós-moderna. *Revista Crítica de Ciências Sociais*, Coimbra, n.30, p.13-43, jun. 1990.

VIEHWEG. Theodor. *Topica y filosofia del derecho*. Tradução por Jorge M. Seña. Barcelona: Gedisa, 1991.

ZAFFARONI, Eugenio Raúl.*Em busca das penas perdidas*: a perda de legitimidade do sistema penal. Tradução por Vânia Romano Pedrosa e Amir Lopez da Conceiçao. Rio de Janeiro: Revan, 1991.

WARAT, Luis Alberto. Dilemas sobre a história das verdades jurídicas - tópicos para refletir e discutir. *Seqüência*, Florianópolis, n.6, p.97-113, 1982a.

——. *Mitos e teorias na interpretação da lei*. Porto Alegre: Síntese, 1982b.

——. Sobre la dogmática jurídica. *Seqüência*. Florianópolis, n. 2, p. 33-55, 1982c.

——. O outro lado da Dogmática Jurídica. *In:* ROCHA, Leonel Severo (Org.) *Teoria do Direito e do Estado*. Porto Alegre: Sérgio Fabris, 1994. p. 81-95.

WARAT, Luis Alberto; ROCHA, Leonel Severo, CITTADINO, Gisele. *O direito e sua linguagem*. Porto Alegre: Sérgio Fabris, 1984.

WEBER, Max. *O político e o cientista*. Tradução por Carlos Grigo Babo. Lisboa: Editorial Presença, 1979.

WIEACKER, Franz. *História do direito privado moderno*. Lisboa: Calouste-Gulbenkian, 1980.

Gráfica e Editora
R. Upamaroti, 967 - Cristal - P. Alegre Fone: 3248-2497/9162-2690
E-mail: papergraff@terra.com.br